Felix Hartmann

Ach!llesVERSOLOPHIE

Gedichte
die das Leben schreibt

Copyright © 2015
Alle Rechte vorbehalten,
insbesondere das Recht des öffentlichen Vortrags.
Kein Teil des Werkes darf in irgendeiner Form
(Fotografisch, Mikrofilm oder andere Verfahren)
ohne schriftliche Genehmigung reproduziert
oder unter Verwendung elektronischer Systeme
verarbeitet, vervielfältigt oder verbreitet werden.

Herstellung und Verlag:
BoD - Books on Demand, Norderstedt

ISBN 978-3-7392-9845-0

Lass lange die Gedanken weilen
Nutz Geist ... bis Ungeschriebenes
Zu Tage tritt, lies zwischen Zeilen
Weil dieses Buch nicht »fürs Gesäß!«

Für meine Familie
in memoriam

Gasthaus Zum Adler

* vor 1800   † 2014

Vor Schrift

Philosophie
beschäftigt sich mit
dem Kern der Dinge,
Lebenskunst
mit dem Fruchtfleisch.

Sir Alec Guinness

Geschätzte Leser,

der Titel VERSOLOPHIE spiegelt **MEINE** PHILOSOPHIE vom VERS wider, bei der ich als eine Art Wortmarionettenspieler häufig „kursive Fäden" benutze, damit Zusammenhänge, Mehrdeutiges, Sinn komplexer „Kryptogramm-Texte" (ggf. durch notwendige Fußnoten) etc. leichter erkennbar, und verständlich werden. Vergleichbar mit Komponisten, die ihrer Musik durch INSTRUMENTe (auch der GESANG zählt als solches!), sphärische Sounds, Effekte, usw. auf der „Achterbahn der Töne" Harmonie und Tiefe verleihen, um so dem Ohr dank unerwartet angenehmer Überraschungen (zumindest bei mir) ein einzigartiges Audiogenusserlebnis zu bieten.

Vom Gasthaus ADLER (Baujahr unbekannt) erzählten meine Eltern immer gerne mit einem Lachen, es sei MEIN ALLERERSTES WORT – noch vor Mama und Papa! – gewesen.

Neben Gedichten aus Flora und Fauna, hier und da mit einem Blick zu den Sternen verwoben, haben Sie (nicht nur) bei horizontal, bzw. vertikal verpackten Lebenslagen reichlich Gelegenheit, sich von Ihrem Zwerch so richtig das Fell über die Ohren ziehen zu lassen.

«Cette journée inoubliable» stellte mich dabei vor eine ungleich höhere Herausforderung als bisher. Die (stellenweise leicht übertriebene!) Geschichte schildert eine Hochzeit in Frankreich (worüber sicher auch die dortigen Freunde amüsiert wären), die sich in einem kleinen Ort nahe Orléans ereignet hat. Wer dabei nur **BAHNHOF**, besser gesagt wessen Französisch sich auf „Wu lait wu Kuh schae …?" („Wollen Sie Milch von einer schönen Kuh?") beschränkt, sollte wissen, dass eine Übersetzung nur sinngemäß, jedoch nicht 1:1 möglich ist.

Als gewissermaßen *SCHRIFTLICHER AUFSCHREI* treten politische, real kritische Themen, bis hin zu abscheulich UNMENSCHLICHSTEN MISSTÄNDEN! (z.B. Ill,egal? S.129) ins **Pranger**rampenlicht. NEVERENDING ALPTRÄUME, wie sie uns von den Medien fast täglich als BAD NEWS rund um den Globus präsentiert werden, lassen mir – in einem Gefühl zwischen Ohnmacht und Entsetzen – nicht selten die Tränen aus den Augen schießen … (You Know What I Mean)

„Is This The World We Created....?"
Freddie Mercury

"*Endzeit-Texte*" (Tod, Bange Fragen, etc.) mit zum Teil lebhafter Phantasie, rücken erneut das Jenseits in den Fokus. "WIE und OB überhaupt" bleibt jedoch weiterhin die zentrale Schlüsselfrage, da es kein auf Erden lebender Mensch wissen kann.

Dennoch - glauben Sie mir! - geschehen Dinge zwischen Himmel und Erde, da ich sie selbst schon erlebt habe, die unseren menschlichen Verstand **BEI WEITEM!** übersteigen. Daher steht für mich außer Frage, dass eine Macht - nach meinem Dafürhalten **GOTT** - existiert, der uns mit Nachsicht und Gnade unvorstellbarer Größe einmal an seiner immerwährenden Glückseligkeit teilhaben lässt.

In diesem Sinne darf ich Ihrem Kopf nun viel Vergnüg-Gen auf der Entdeckungstour seiner "Ach!lles-**Verse**" wünschen.

Vielleicht dringt IHR GEIST dabei ja in Tiefen vor, worin er bisher noch nie gewesen ist.

SONNTAGS PFLICHT?

*Wenn deine Seele keinen Sonntag hat,
dann verdorrt sie.*
Albert Schweitzer

Karl, guter Christ, er tut's mit Freude!
Eilt schnellen Schrittes zu, Gebäude
Was Schall entlädt mit hellem Klang
Vom Turm, im Fünftongussgesang.

Sieht, wie ein »Weißer Stock«, igitt!
In frisch gezapften *Brownie* tritt
Den Vierfuß, bis zum letzten Rest
Aus dunklen *Kot*flügeln gepresst,

Weil *Frauchen* Tatort voller Schwung
Verließ, statt Spurensicherung.
Dabei, obwohl ihm Galle stieg
Blieb's bei 'nem kurzen *Blickblitz*krieg.

Dafür *handgreiflich,* hinterm Gitter,
Reißt Unkraut junger Jäti-Ritter.
Ein ältrer Knirps, paar Meter weiter
Bohrt, qualmend, Löcher auf der Leiter ...

Im Schiff indes, gibt Bachkantate
Karl, ersten Noten-*Anpfiff* grade,
Laut! – Organist am Rundrippchor,
Vom Spieltisch aus, direkt ins Ohr.

Den *zweiten* (Predigt der Gardine),
Erhält von Klara – *Konkubine* –
Weil, *alter Religion* treu, klar!
Danach, sein Gang »Zum Adler« war.

»NACHRUF« ZUM ADLER

Gern steuerte aus *Dorf*es Stamme
Gast, *Wirtschaft* an, die damals *STAR.*
Jetzt geht *von Bord* (a. D.) *ein Name*
DER: – Ade, Ade!... *ADLER* – »war«.

Jahrzehntelang auf Kneip(p)es Spuren
Wandten geschickt wir, Glas um Glas,
Kalt, Thekenkeepers *Well*ness-Kuren
An, aus des *Berg*es *Bräu* vom Fass!

Brüder sah am runden Tische
Hier sonntagmorgens spielen *Skat*
Indes ich, ... *Butter bei die Fische,*
Bestellte Schnitzel, mit Salat!

Zukünftig bleiben Wehmutstropfen
Gedanklich – nun Erinnerung –,
Die sehnsuchtsvoll im Herzen klopfen
Bis ... *alte Zeiten* – wieder jung?

EIN PAAR TAGE SPÄTER ...

Als Diljemer, nicht drüber froh!
Steh' ich nun hier: – 🎵☹☹🎵 –
   »Am *Ground, seh' roh*«,
Dass Abrissbagger *Bruch begangen*
Grad' *mit Geschichte* angefangen.

<small>Diljemer – St. Ilgener Bürger</small>

IN MEMORIAM

*Humor ist nichts anderes,
als eine Erscheinungsform der Religion –
nur wer über den Dingen steht,
kann sie belächeln.*
„Pater Brown" – alias Heinz Rühmann

*Von drei*en Einen *der Tankstelle*
Mimte verliebt, voller Esprit.
Als *Pater Brown,* des Herren Wille?
Bewies *motorisches* Genie.

Nach *winz'gem Schluck* hat »*3f Pfeiffer*«
Des Alkohols Gärung erklärt, ...
In jener *Feuerzangenbowle*
Die legendär ins Zwerchfell fährt.

Der Menschlichkeit schillernde Farbe
Strahlt' aus, nur vor der Kamera?
Hauptmann von Köpenick, welch Gabe!
Worin der Vielfalt Können sah ...

Brillierte stets in jeder Rolle
Noch heut' geht Herz auf, höre zu
Wobei ich höchste Achtung zolle
Beim Klange *seines La, Le, Lu.*

Zum 20. Todestag (3. Oktober!)

WAHN*NEHMUNG*

*Unter Drogen
findet man nicht sich selbst,
sondern nur den Teufel.*
Konstantin Wecker

Ein *Joint*
Erwies als Ar*shit*ekt
Sich, böse!
Bei 'nem Buben

Als Halluzinogen,
Versteckt,
In dessen
Oberstuben.

Mephisto griff
Nach grauen Zellen
Ging, sitzend drin
Ans Höllenwerk

Bespukte ihn
Mit Sendewellen
Flößte, wie süß!
Folgenden Dreck:

Ja, trau dich nur
Spring' aus dem Fenster
   (Im 8.!)
Du kannst fliegen – –

Zu spät erschienen
*Schreck*gespenster
Kam unten –
Zum Erliegen.

OM

> *Die Natur gab uns nur Dasein;*
> *Leben gibt uns die Kunst*
> *und Vollendung die Weisheit.*
> **Schiller**

Aus Tasse, noir, in aller Früh
Trinkt *Hindu* im Café Grand Brüh
Bestellt, zu meditativem Zweck
Voller *Erleuchtung! Zen*-Gebäck.

Das setzt sofort ihm, sonst Asket!
Weil sie von *Karma* was versteht?
Samt kleiner Schale frischer *Buddha*
Vor, junges *schleierhaftes* Luder.

Im Magen führt nun die Empfängnis
Bis zum *Nirwana* an Erkenntnis;
Erreicht, infolge Appetits!
Den Zustand – jenseits des *Sanskrits.*

SIBIRISCHER FRÜHLING

Wind fährt,
Statt zart in erste Halme
Samt Frost
Im leisen Nacht-*Zug* vor

Natur treibt's langsam
Auf die *Palme!*
Denkt wohl,
Wir hätten noch Humor.

Nicht nur
Saisonbedingter Schläfer
Fiebert
Nach warmem Sonnenstrahl

Auch Floras Knospe,
Junge *Käfer,* …
Erwarten *grünes*
Startsignal.

Reiß' altmarode
Kälte-Brücken
O *Celsius,*
Der du *hoch* begabt

° ab, lass endlich
Plus erblicken!
Woran sich
Jedes Wesen labt.

FRÜHLINGSTAG

Der Sonne Strahl, ganz ohne Laut
Blinzelt auf bleiche, weiße Haut.
Sehr gerne tankt dabei, wie kühn
Mein Auge *Bio* – logisch – Grün!
Natur lenkt, indem Fokus richtet
Aufs Blütenmeer, was farbverdichtet
Samt Ästen, deren rosa Schleifen
Eiligst bis zum Gesamtbild reifen.

Tief brummt, von ihrem Ausflug high?
Kommt Hummel, nachmittags um Zwei!
Nach Pollen-Dates mit jungen Bübchen
Gekrabbelt aus den *Nektarstübchen*
Auf *allen Sechsen* wie betäubt –
Trägt *unterm Pulli,* frachtgebeugt
Gestreiften Hüftringen, genau,
Mattgelbe Pülverchen … zur Schau?

Aufschlagen früh, bei milder Kälte
Schon erste Sterne *ihre Zelte*
Die dort, als Firmaments Juwelen
Von längst vergangner Zeit erzählen.
Das Licht der Goldzauber-Ur-Kunde
Verflüchtigt sich bei Dämmerstunde.
Wobei nun, nur für ihn gemacht
Steigt Tag, in neue Kleiderpracht.

PRINTEMPS

Obwohl schon zig Mal *renaissance*
Bewahrt *nature* stets *contenance,*
Bestimmt, worunter Nas' oft leidet!
Womit das Astskelett gekleidet;
Stellt neuste *collection* – ab März –
Vor, nicht nur in der Stadt mit ♥.
Beweist damit *parfum, quel chic*
Auf Laufsteg durch die Botanik,
Lädt selbstverständlich *entourage,*
Zu ihrer Farben-*vernissage.*
Dabei wird junge Imme schnell
Verführt, mit stillem Ton – Pastell –,
Lockt eine minderjähr'ge Blüte,
Im *petit blanc,* … du meine Güte!
Sie vielversprechend ins *milieu,*
Zum kurzen Hollaröhduliöh.

ES IST FRÜHLING

*Die Konsequenz der Natur
tröstet schön über
die Inkonsequenz der Menschen.*
Goethe

Rauschartig kommt
Natur zu Kräften,
Zaghaft erwacht
Zeigt Knospe Kleid.

Ast gabelt,
Greift zu neuen Säften,
März hellt Gemüt,
Wie Tageszeit.

Manch junge
Fluginsektenklänge
Ziehen als Bariton
Durch *Air;*

Von Bach erzeugte
Wellenlänge
Drängt sich melodisch
Ins Gehör.

Still darf das Auge
Matten folgen,
Die *grün*
Hinter den Ohren sind.

Selbst Regen
Fällt aus allen Wolken
So wunderbar ist Frühling –
Kind!

FEUCHTES MÄRCHEN

Vom Schweiße befreit
Sind Füße mit Schwäche
Rein durch des Wassers
Pulsierenden Strahl
Der Wirkung entfaltet
In Nasszellenfläche
Unter Rinnsales Tropfen
Die dort im freien Fall.

Der *Körper* er*shower*t
Gibt Gänshautbefehle
Seit das Gel voll zartcremig
Erhabenem Duft
Ins Linksloch von Nase
Übers Herz hin zur *Seele*
Vordringend im Scheine
Milchnebliger Luft.

Beeinflusst *Geist* a priori
Dem nach Klang solcher Töne
Wieder trocken, gekleidet,
Sich als neu definiert
Jenes *Ich* – wobei Spiegel
Im Bilde samt Föne
Relativ gesehen!
Schönheit suggeriert.

<small>Die ersten zwei Zeilen erinnern „rein zufällig"
an einen großen Dichterfürsten</small>

HEISSER TAG

Insekten schwirren
Leise *schwingt's*
»Vorfahrt« missachtend
Rechts vor Links!

Kein Vogel singt,
Weil Kehle trocken
Bleibt brav Zuhaus'
Im Neste hocken.

Konträr zum Sonnstrahl
Glänzt, *macht,* schau,
Heut' *Wind* mit Abwesenheit –
Blau!

Besonders freut,
Statt Lernerei
Die Schüler
Frühes Hitzefrei.

Siesta halten,
Soll man's loben?
Erwachsene
In Arbeitsroben.

Als *Romeo*
Bei *Julia* steht,
Weckt *Gold,* was fern
Durch Tiefen späht

Neu Phantasie,
Gibt Impetus
Zärtlich berührt
Vom ersten Kuss.

NUR EINEN SOMMER

Der *Puppe*rtät,
Die kurz geweilt
Entwächst, wird flügge
Schmetterling

Segelt,
Indem an Technik feilt,
Zur leisen
Blütendisco hin.

'Ner Artgenossin,
Weiß bekleidet
Blickt drinnen
Unters *Fahrgestell*

Worauf, mit Flügelspiel
Verleitet
Zu heißem Tanz –
Den Junggesell'.

Danach genießen
Flücht'ge Tage
Als Paar, nun glücklich
Bis, am End'

Sie Sensenknecht?
Das ist die Frage!
Hinausträgt,
Übers Firmament.

LAUBATIO

Ein Baum spiegelt das Sein.
Er wandelt sich.
Verändert stellt er sich selbst wieder her.
Und bleibt immer der gleiche.
Indianische Weisheit

Auf Herbst,
Der wiedermal verstärkt
In allen Ästen
Feuerwerkt

Wovon berauscht,
Tief drin versunken
So manches Auge
Farbvolltrunken.

Völlig links liegen
Lässt Natur
Hingegen Mutti,
Jung! On Tour

Mit eignem Kinde,
Ganz verschmust,
Samt Wagen
Durchs *Gelände* cruised.

Im *Selbigen*
Bläst Wind, integer,
Zur Jagd
Auf Weggesäumte Blätter

Spielt eine Zeit
Mit jenen Fangen,
Bis ihm die Lust
Daran vergangen.

Überschrift zusammen mit der 1. Zeile lesen

HERBST I

Der Aufbäumbande
Neu, färbt bunt
Mit fantastischem
Leuchtstoff-Ton …

Natur das Haar,
Tut damit kund
Ein weitres Viertel –
S' Dritte schon.

Aus Firmamentes
Vorhang, kühl
Tritt Venus,
Samtens Star-Gefolge

Zwinkert Mensch zu
Beim Bühnenspiel
Wiegt sanft ihn, früh
In Traumes Wolke.

HERBST ZEITLOS

Wer noch staunen kann,
der wird auf Schritt und Tritt belohnt.
Oskar Kokoschka

Düstere Nebel überziehen
Taufeuchten Auges Tal wie Berg.
Spät geht der Tag, um aufzublühen?
Mit frischem Atemhauch ans Werk.

*Energie*sch ackert *Sonne* leise
In *Feld*küche, worin als *Chief*
Begehrtes *Dessert,* die *Stromspeise!*
Auffährt, sogar zum *Nulltarif.*

Am grauen Firmamentsteg modelt
Ne junge Lady, schnell im Lauf.
Wind fordert laut, hör', wie er jodelt
Dabei ein Blatt zum Tanze auf.

Im schwarzen Frack gibt abends Rabe
Den Ton an beim Solistenchor
Trägt, als begabter *Flügel*knabe ...
Der Landschaft neuste Noten vor.

SEXTETT

November, kaum war er zur Stelle,
Tritt unplugged auf mit »*Kältewelle*«
'Ner *Boy group,* die – erstmals aus Ost –
Mit Frontmann kam, Väterchen *Frost!*

Wind pfeift, zupft heavy das Geäst,
Schnell, panflötartig drüber bläst,
Bis es beim *Head banging,* sieh da!
Einbüßt sein letztes Blattschopfhaar.

On Stage glänzt *Ice,* regt, bei Begegnung
Durch kurze Slides an, zur Bewegung.
Als Flockenspieler erstrahlt *Snow*
Im weißen Licht der Megashow …

Doch ob, bald ist es ja so weit,
Das Publikum Zugabe schreit?
Nachdem der *Winter* – unverfroren
Es wieder faustdick hinter Ohren?

@VENT

Leise klingen Weihnachtslieder
Aus dem alten Repertoire
In Bälde leuchten Kerzen wieder
Vier überm Kranz, wie jedes Jahr.

Lang vorher in großer Runde
Statt zu ersticken solchen Keim!,
Erliegt, geht gutgläubiger Kunde
Dem Warenkaufrausch auf den Leim.

Gedanke segelt wunschbezettelt
Los, ablesbar von mancher Stirn
Derweil kunstvoll ums Auge wedelt
Prächtiger Nadelgrünspitzzwirn.

Still halten Einzug süße Düfte
Steigen ins kleinste Nasenloch
Jagen per Saltos durch die Lüfte
Bis kurz vor Heilig Abend noch.

Darunter locken Zapfzweigstellen
Mit alkoholgewürztem Rot
Was *hinterm Schilde* Marktgesellen
Führen, in ihrem Angebot.

Jedoch gern leer aus – welch Begehren,
Bleibt a priori höchstes Ziel –
Geht, nach des Festes Lichtermeeren,
Mensch weiter, *ohne Grippe*nspiel.

ALLE JAHRE WIEDER

Geld ist eine Wohltat, die wir genießen,
indem wir uns von ihm trennen.
Ambrose Bierce

Es drückt, wohl um sie zu versüßen
Die Weihnachtszeit auf Mitleidsdrüsen.
TV führt gern die Riege an,
Bricht Lanze, milden Gaben Bahn.

Eröffnet wieder mal ver*spiel*t
Jagd nach Rekord mit *Shows,* wie wild
Für Menschen, die in aller Welt
Nicht *einen Penny* seh'n vom Geld?

Live-Acts gehör'n zum guten Ton
Wobei Promis am Telefon,
Von fremder Stimme ohrbesucht,
Bis *Mindest-Schein*chen tastverbucht.

Grad' läuft Sechsstellenhöchstbetrag
Mit Name übers Laufband, stark!
Den Vogel ab – schießt somit Dame,
Erzielt Aufmerksamkeitsreklame.

Gegen *solch Glanz* wirkt, ohne Tücken
Der Nächste matt, mit *sieben Mücken*
Bei dem selbst Hungertuch schon Löcher
Doch ist er deshalb herzensschwächer?

So steigt – die Macher finden's cool! –
Nebst *Quote* langsam Spendenpool.
Stimmt damit, was wohl allen klar!
Ein, auf Reload im nächsten Jahr.

Nur leider wird *niemals* verklickert,
Was aufwandstechnisch abgesickert.
Wo's grade fürs Gewissen wichtig,
Ob *Netto* noch »gebührenpflichtig!«

ZWEI LINKS, ZWEI RECHTS, ...

> *Es ist heilsam,*
> *sich mit farbigen Dingen zu umgeben.*
> *Was das Auge freut, erfrischt den Geist,*
> *und was den Geist erfrischt,*
> *erfrischt den Körper.*
> **Prentice Mulford**

Eva, die Frau aus Un*Garn* strickt
An 'nem *Pullover* wie verrückt.
Im Zickzackkurs lernt unser Madel,
Den Umgang mit der dicken Nadel
Weil Coffeinschub, leicht *gespritzt!*
Des »Schrankes *Tassen*« unterstützt,
Samt Farbgebung bei jedem Date,
Bis schließlich es an Kragen geht
Dem *Norweger,* der, welche Ehre!
Getragen Freitag – zur Premiere.

WINTER I

So kennt man ihn
Den Kalten Krieger:

Gedrehten
Leichttanzschrittes kreist
Sein filigranes Heer
Danieder

Auf dessen weißem Kleide
Reist
Gern Kinderschar –
Auf Schlitten wieder.

Bedeckt sind Felder,
Es herrscht Stille –
Kein Farbenkörnchen
Zeigt sich mehr

Der Geist
– Des Allerhöchsten Wille –
Bewirkt die Ruhe
Ringsumher.

WINTER II

Geschrieben beim Hören von
„end of night" (Dido)

Der *Soloartist*
Tourt die Tage
Mit neuem
Eisrevueprogramm

Bietet uns »*Tickets*«
Welche Frage!
Von 0, ... bis
Weit nach unten an.

Das *Väterchen*
Schlägt über *Strenge*
Glänzt mit der *Frost*nummer
Aal*glatt*

Verweist kaltherzig
Auf die Ränge
Erwachsene, ...
Zur Schlitterfahrt.

Beim Auftritt,
Nach der ersten Phase
Tönt weiß-
Gewebter Flocken-*Rock*
Ganz leise,

Weint davon?
Die Nase
Oder vielleicht ...
Vom heißen Grog?

WINTER III

Gern übernimmt,
Fast danach süchtig!
Frau Holle
Wieder die Flockistik

Hilft aus der Höh'
Zur Stoßzeit nur!
Nach Auftragseingang
Der Natur

Holt, Kaltaktiv,
Den Kinderschlager
Aus dem Archiv
Im Wolkenlager

Macht sofort
Weißkristallbestand
Ganz lautlos
Fertig zum Versand.

Der kommt nun an
Als leichte Fracht
Bringt *Hermes* ihn?
Bei dunkler Nacht.

JAHRESWECHSEL

Was vor uns liegt
und was hinter uns liegt,
ist nichts im Vergleich zu dem,
was in uns liegt.
Henry David Thoreau

Noch eh' der *Lange Zeiger Kurzen* –
Sacht überdeckt um Mitternacht
Beginnt der *Böller*ich zu furzen
Was heftig in den Ohren kracht.

Mondänes Feuerwerk aus Gläsern
Steigt als Fontänen, rangt nach Luft
Im Chor an Kohlesäurebläsern,
Der friedvoll zum Erstanstoß ruft.

Das alte Jahr, gänzlich verstrichen
Hat sich in Stille distanziert
Ist dem *modernen* ausgewichen
Wer weiß, was *damit* nun passiert.

Kohlesäurebläsern (poetisch) – Kohlesäureblasen

TRICKDIEBE

Blut ist ein ganz besondrer Saft
Faust 1. Teil

In Dünngrauzwirnen ungeniert
Mit *Hi*gh *Fi*ght-Ton im Zimmer schwirrt,
Ein Duo, macht vom *Schatz* drin Bild
Den's im Begriff *zu stehlen* gilt.
Durch weißen Flügel, der, tags offen,
Gekippter Lage angetroffen,
Hatten sich Einlass (ohne Kraft)
Für ihren *Beute-Zug* verschafft.
Schnell geht es *Mensch* – unter die Haut
Als er nun tief ins Traumland schaut;
Wird ungefragt, ohne Erbarmen!
Rubins beraubt – von jenen *Damen.*

DER HOLZWURM

> *Der Verstand gleicht einem Holzwurm:*
> *Je tiefer er bohrt, umso dunkler*
> *wird es um ihn herum.*
> **Hans Kasper**

Es kommt ihm Hobel
Etwas *Span*isch (vor),
Drum verlässt er
Nunmehr panisch
Nachdem der,
Mit geschliffner Zungen
In Lieblingsspeise vorgedrungen.

Fliegt, beißt zusammen
Seine Zähne
Im hohen Bogen
Auf *hell'Lehne,*
Vom *Stuhl,*
Hat sich sofort verknallt,
Glatt, in die *alte A*i(s)che halt.

SCHÄDLINGS-DREISATZ

Familie Holzwurm, antiquiert,
Hat im Lokal *Tisch* reserviert,
Der einst von einer Buche Stamm
Entnommen, aus dem Walde kam.

Papa berührt, s'scheint ihn zu freu'n
Mit Zunge, gleich das Schenkelbein,
Indes *Boy* George Filet verdrückt,
Weshalb nun wieder *Sister* zickt;

Schmollt, upside down am Plattenrande,
Gibt, was ersichtlich, sich dort Kante,
Bis, »hohl in One«, sehr ungraziös,
In Tiefen stürzt, aufs fett' Gesäß.

Von Probebohrung, die zu Kopf
Stieg, rennt jetzt *Mutti* oft auf Topf;
Wird, hart! Vom weichen Stuhl geplagt,
Der lang an ihren Nerven nagt.

GLÜCK-LICHTER

Alle Menschen sind Würmer,
aber ich bin wenigstens
ein Glühwurm.
    Sir Winston Churchill

Ein Glühwürmchen
Kam an den Punkt
Bei dem's wohl merkte,
S'hat *gefunkt*.

Hat darum kess,
Statt diskutiert
Sein Hinterteil
Illuminiert.

Was tanzte, schwebt'
Um Auserwählte,
Bis diese schließlich
Es beseelte.

Zum Stelldichein,
Kann mich erinnern,
Sah – nicht bekifft! –
LSD flimmern;

Die, angeregt
Vom Firmament,
Zusahen
Im Laternenhemd

Voll Energie,
Ganz aufgebracht,
Dem Blinklichttreiben
Jener Nacht.

    LSD – Leucht-Schwarm-Dioden, die Sterne

HOT SPOT

Damit das *Biss*ness funktioniert
Hat 🕷 »*Software*« installiert,
Mit *alter Technik* vollgestopft,
Ihr *Netzwerk,* worin Beute oft
Verfängt sich, immer ungewollt!
Wie grade, Fluginsektunhold …

Als Schädel nun im Faden hing
Blieb dessen Dachschaden gering
Bis Achtbeinballerina prompt,
*Ex*seide*d!* Links aus Ecke kommt,
Verschnürt, nimmt ihn dafür zur Brust
Weil wieder mal auf *Bondage* Lust?

  *ex*seide*d* – auf nichtklebrigem Faden,
  lies auch engl., excited

ÜBERRASCHUNG!

Samy wird 4, ob drüber froh?
Dass Maitre *Miggl*angelo
Auftaucht, der sofort ungeniert,
Ihm als Präsent, live, *Bild* kreiert.

Dazu setzt sich Flügelbonsai
Mehrfach an »Meißener-S*taffelei*«
Welche in Küche zweckgetürmt,
Zuvor vier Münder gierbestürmt.

Ganz leise »pinseln« voll Einsatz
6 dünne Füßchen, rabenschwarz!
Auch Zunge ma*h*lt am »Spcisenreste«
Den übrig ließen *Kleinfestgäste*.

Erkennen *die Banausen* Kunst?
Pff! Haben davon keinen Dunst.
So fällt's, *weit unter Wert!*, am Ende
Nur einem Spülschwamm in die Hände.

Miggl: ugs. kleine Stubenfliege
Meißener-Staffelei: aufgestapelt benutztes
(Meißener) Geschirr
»Speisenreste«: Titel des *Bildes*

AURELIO

Mein ABC-Schützbanknachbar
Kam aus dem Süden, wirklich wahr!
Klang schon das Land damals entfernt
Nun, dann erst recht doch *sein* Akzent.
War dies der Anlass dazu, dass
Ich aufgelegt zu solchem Spaß?:
Kramte aus Mäppchens dünnem Chor
Zum »*Filz*en« einen *Stift* hervor,
Der, Hellorange, im Strahle warm
Zog »Scheitel« dessen Unterarm.
Worauf, weil davon inspiriert,
Den *meinen* Violett signiert.
Vorstellte, zeigte Meeresblau
Als nächstes sich an ihm zur Schau.
Munter ging's weiter, es floss *Ink*
Aus etwas grellem Tone – Pink! –
Dann führte kurz Rot, Hautregie
Durch tiefen Eindruck, zum Remis.
Schließlich, beim Stand von 4:2
War Grün im Doppelpack dabei.
Neu gab, mach' daraus keinen Hehl!
Gedanke *dunklen* Marschbefehl
Nämlich dem *Grau,* was, ungelogen
Losraste Richtung Ellenbogen,
Gefolgt vom Interessensatz
Durch Griff, der mündete in Schwarz;
So waren gegenseitig, lange!
Zwei, an Nuancen reich, zu Gange.
Bis, wirr verkritzelt – *dumme Buben!*
Friedlich, ihr *Farb*kriegsbeil begruben.

PUBERTÄRE ENERGIE

In Jugend war, will's heut' gesteh'n
Vernünftig! Einmal abgeseh'n
Davon, dass manche Schönheit, karg,
Als BRAVO*GIRL* im Bette lag,

Die aufgeblättert, glanzgeräkelt
Sich nicht vor Handbewegung ekelt'
Mit der samt Blicken gern studiert,
Wie Wechselwirkung funktioniert.

Schließlich trat ein, welcher Genuss!
Der Teilchenschauersinnesguss,
Bei dem sofort Papier gewellt
Weil *dabei* dämlich angestellt?

U*N*FRAGEN

*Dumme Fragen zu stellen ist leichter
als dumme Fehler zu verbessern.*
Heinrich Böll

Ob Einer Gel trägt in den Haaren
Will *Reiner,* aus *Neugier?* Erfahren.
Sind sie gefärbt, falls ja, womit,
Wie ist Schulbildungsnotenschnitt? …

X Fragen, die, gestellt auf Erden
Auch über Sex, ohne Rot*werden,*
Durch lange Leitung mitgeteilt, …
Woran sich *das System* aufgeilt?

Allein, Herrschaft! Suspektes Ziel
Strebt an *Adressengewinn*spiel …
Wobei für manchen *neuen Wagen*
Lediglich Anschrift einzutragen …

Mir auf die Sprünge hilft, *zum Glück*
Bei so was *Tonne,* edles Stück!
Sie behält's unverdaut im Magen
Bis ausspeit es – nach 14 Tagen.

DEUTSCHLAND*SUCHT*

> *Es gibt nichts Demokratischeres*
> *als einen Fernsehapparat:*
> *Man kann einschalten, umschalten*
> *und ausschalten.*
> **Günther Jauch**

Vorm *Tele* früher hatte *Vision*
Nach *einem Bier* am Abend schon
Vielleicht, grad' weil's so lange her,
Waren's auch manchmal ein paar mehr.
Es lief, entgegen heut'gem Krampf!
Durch Senders Adern Kulenkampff,
Bonanza, Lassie, Daktari, ...
Als sozusagen *letzter Cri*.
*Salon*fähiges *Public Viewing,*
Bis hin zum Dallasekel Ewing.
Einlud die blonde *Lotto*fee
So manchen *Millionär* in Spe
Zu wöchentlicher *Schein*⊠fahrt
Wobei gespannt auf Kugeln starrt'.

Seit die *Privat*en Opti*mist*en
*Programm*talktäglich in den Kisten,
Lässt, zwar belang-, doch rigoros,
Manch' *Fla(s)chen*geist nun auf mich los.
Die *Männer ohne Nerven* heute
Sind »*Bauern, Bachelor,* ... « liebe Leute!
Heino sitzt grad' »mit Sachverstand«
Bei Show im Jurydachverband.
Zur Primetime, völlig *Zappe*(n)duster
Seh': überall das gleiche *Muster*.
Hab' auf solch' Stumpfsinnsreizpalette
Null Bock, drum trete, vor dem Bette
»Gang nach Canossa« an, zum *Klo!*
Denn *die Frequenz* hat mehr Niveau!

DI@?

Mobbing betreibt
Vor ⌨
Aus der *E*i T*ea* Branche,
Spezialist

Mit Rudi,
Postet Frühstück, nur,
Weil der zurzeit
»Abnehmer« ist.

Klar fördert
Solcher *Scheingenuss*
Zu aller Häme,
Gar nicht nett!,

Nach frechen 😫😣
Speichelfluss –
Doch wenigstens
Wird er nicht *fett!*

   😫😣 – lies Smiley's

EN WOK

manche meinen lechts und rinks
kann man nicht velwechsern.
werch ein Illtum!
Ernst Jandl

Auf Lede/sesseln sitzt bequem
Im /estau/ant, seh/ angeseh'n!
Zu/ Mittagszeit illust/es G/üppchen
Wo/unte/ heute blondes *Püppchen.*

Maid, im T(h)aiWa(h)n, o/de/t aus Ka/te
G/ad' was von Mo/chelsuppenspa/te,
Damit zum Zeitve/t/eib, genaue/
Ih/ Magen /eagie/t nicht saue/.

Bei de/en Eingang übe/n Telle/
Blickt dicke Nudel, Haa/e helle/
Gie/t Augenpaa/ im g/ünen Kleid
Mit still entb/anntem Futte/neid.

De/ Obe/, diese/ Glückskeks, schlank,
Lockt aus /ese/ve Lust zum T/ank
Ve/süßt beim Smalltalk Wa/tezeit
Bis Wokchef Speis' ve/zeh/be/eit.

Anlass zu/ T/ennung, ganz ko//ekt
Gibt Nachf/age: *Had gud gesmeggd?,*
Vom *Scheine,* da, wie's imme/ wa/
Hie/ Zahlungsmo/a/ noch in ba/!

Übe/sch/ift: lies auch *en vogue*
Maid (Püppchen) – lies auch *Made in ...*

DÖNERLITTCHEN

Wurst ist eine Götterspeise.
Denn nur Gott weiß, was drin ist.
Jean Paul

Einmal pro Woch' isst *Rama dan*n
Wo Vegetarier, türkisch Mann!
Genießt sie gern auf dickem Brot
Vom Frühstück bis zum Abendrot.

Dazu stellt, meistens montags, Waage
Weil er drauf steht! Die *Gretchenfrage*
Mahnt, bei erhobnem *Zeiger*finger
Gewicht an, ob es bald geringer?

Wohl kaum, da (Schweinischer Genuss),
Nach Fleisch von *Junggemüse*tuss
Am Stand giert, die als *Apple*-File,
Entgegenstreckt ihr *Hinterteil*.

Worauf, ein *Hammer!* Steigt die *Sichel*
In Hose an, beim *deutschen Michel*
Der, *Kebab* nun, *selbst superscharf!*
»*Mit allem*« – heiß *fair*zehren darf.

Stellen Sie sich beim Wort „*Apple*",
das *Symbol* der gleichnamigen Firma vor

KALORIEECH$^O_{JO}$ $^{JO}_{JO}$ $^{JO}_{JO}$ ^{JO}

Im Schlankheitswahn ist Margeriten
Obwohl im Mund bereits die Dritten
Seit sie in Illustrierten las
Was, von gewissem Body-Maß.

Legt demzufolge, aus Boutique
Zu, nur weil's trendy, grellen Chic
In dem ganz sportlich, elegant?
Nein, eher wirkt wie ein Elefant.

Von Stirne tropft, als Pfad beschritt
Im Wald, zum ersten Joggingritt
Schweißperle, die dort Air gekühlt,
Grad' aus Visage sich *empfiehlt* ...

Doch statt Gewichtsabnahme (Ziel)
Kehrt Süßheißhunger vom Exil
Abends, am selben Tag zurück,
Zur alten Kaloriefabrik.

MITTAGSSCHLÄFCHEN

Je einfacher etwas ist,
desto mehr Kraft
und Stärke liegt darin.
Meister Eckhart

Zwar trägt es nicht zur Schönheit bei
Doch gern genießt, täglich um Zwei,
Verlangt danach, seit Muttermilch
Ein *ausgeschlafner* Wissensknilch
Damit die *Pauah* – brit. Begriff –
Zurückkehrt, nach Energietief.
Zum laden seiner Batterie
Strebt an das Weißkittelgenie
Legt, nun kurzum, das sind die Fakten
Sich selber gerne zu den Akten,
Herr F. – gebildet –, ☞!
Im Souterrain vom Institut.
Dort (träumt ihm) klimpern Augenli(e)der
Sirenen (blonde) vor, *in Mieder*
Welch *holde Noten,* Feen gleich!
Dem schnarchnasigen Laborscheich.
Der fühlt, in Harmonie gestört
Als er's von oben tropfen hört.
Ein Rohrleck, unsanft! Hat geweckt …
Ob's *unter einer Decke* steckt?

☞ – lies Doktorhut

STUDIEN-GANG

Professor Meier sieht *Gestalt*
Die hier für *Fleisch* bezieht Gehalt.
Dabei ist's *Zunge*n *Wurst,* wo's liegt,
Gar, was ein Pfund vom *Aufschnitt* wiegt.
Dafür studiert das *Teilchen* Blick
Von jenem Herrn aus der *Physik,*
Merkt, wie sich wechselwirkungsweise
Bei ihm die Rädchen dreh'n im Kreise
Bis, hinter Theke stehend, glatt –,
Gefragt wird, ob sie λ hat?

  λ – Lambda, lies Lamm da

DISS-COUNTER
frei nach Eugen Roth

> *Der Weise aber entscheidet sich*
> *bei der Wahl der Speisen*
> *nicht für die größere Masse,*
> *sondern für den Wohlgeschmack.*
> **Epikur**

Ein Mensch, ringförmige Kopfbehaarung
Steht abends spät vor Tiefkühlnahrung
Greift, kaum gesundheits-, doch bewusst!
Zu gänshäutiger Entenbrust.
Danach, damit der Ausflug lohnt
Wohl auch des Geldes Beutel schont,
Nach Fleisch, was auf *billigen* Plätzen
In Truhe hier als *Schwein*mastfetzen.
Dabei darf gar nicht erst dran denken
Wie Leben *solcher Tiere* enden!
Statt Qualität – der Dinge Lauf –
Stößt *teure Milch* ihm sauer auf ...
Vom Wunsch beseelt, nimmt nun Besitz
Von Frische, die gewisser Fritz
Aus Ozeanen nach Verlangen
Als *kleiner Fisch* im Netz gefangen.
Moral: Ihn freut das Preis*dumm*ping
Weil er für Me*h*r – halt keinen Sinn.

»MC SPYWARE«

Trojaner eingeschleust, per LAN?
Hat Firma aus *USB*ekistan,
Welcher den stillen Job sofort
Antritt, am Computer vor Ort.

Als daraufhin nun Bildschirm schwarz
Ist »Schicht« für 🖱 am Ar*byte*splatz
Wo zarte Fingerchen gekitzelt,
Die ⌨ – mit Text bekritzelt.

Ein 👁 wirft, hält hin das 👂
Späher auf eignen 🖥 …
Der zeigt, beständig dehydriert,
Wie *Informatik* funktioniert!

<small>Mit 🖱 (Computer)- *Maus*
ist eine hübsche *Frau* gemeint</small>

EDE V.

(S)ein *Notebook* zieht
Voll Tatendrang
An überlangem
Datenstrang.

Dabei verfängt,
Lädt runter, now
Im *Weltweit-Netz*
Sich *fremde Frau.*

Das *Spy Girl*
Unautorisiert!
In *Malware*uniform
Agiert,

Gibt so Programmen
Die, welch' Wunder!
Aufs *eigne Konto* gehen
Zunder.

UNDER COVER

*Viel mehr Menschen
müssen mit dem geistigen
Existenzminimum auskommen,
als mit dem materiellen.*
Harold Pinter

Ein *PIN*up-Girl kooperiert
Nachdem grade »*TAN*tiemen«
»*Briefkastenfirma*« transferiert,
Welche den Sitz auf Cayman …

Bevor sich neu Schweigegelübden
Verpflichtet, mündlich abgelegt!
Taucht 1 Jahr unter in Ägypten,
Wo ihren größten Coup ausheckt:

4 mit 6 Nullen, fürs Know how
Bekommt – verwegene Idee! –,
Dass letztmals ausführt *Daten*klau
Die *Phisher*in vom Bodensee …

Indes nun Leben (muss kaum üben)
Drauf *leicht* genießt, von Arbeit frei;
Ermitteln, da *sie schwerer* wiegen?
Zwei Halbe (π) – vom FBI! …

Cayman …: Cayman Islands
Zwei Halbe π – (Formel in der Physik),
Die beiden *FBI Leute* gemeint

FANKURVEN

> *Was nützt das Tempo,*
> *wenn unterwegs*
> *das Gehirn ausgeronnen ist?*
> **Karl Kraus**

Es gibt – Vereins-*Meier* Premiere –,
Sich Sportskanone *Ralf* die Ehre.
Heut', was sehr löblich! Motiviert,
Zum Lauf, auf den ein Jahr trainiert.

Vom Startblock hoch schießt sein X-Huf,
Sobald ihn Knall – aus Richtung Luv –
Erreicht, wonach, mit flacher Hand
Lossprintete ums Tartanband.

Nach 100 Metern glaubt am Stock
Zu gehen, weil in Kurv' er *Rock*
Gesichtet, welcher Sieg entscheidend,
Fortan (Kopfkino) drunter leidend.

Nur, *pinker Mini* jener *Vache*
Gehört zu milchhäutiger *Flasch'*;
Der hinter ihm, igitt igitt!
Ein »Piercing«, grün – aus Nase tritt …

Ralfs *Bronze*behangner Hals wird dick
Als er nun sieht, wie *Sie* voll Glück
Abknutscht *den Loser,* kippt aus Latschen!
Ob Journalisten drüber tratschen?

SYNCHRON

Bei ihrer Kür
Vom Dreier heut',
Auf *Luftweg*
Beifallslorbeern streut

Als vierfach dreht,
Muss dafür recken
Regine,
Mit dem *großen Becken*

Ne *Schraube,*
Welche überspitzt
Drauf kühles Nass
Ans Ufer spritzt.

Sechs *Zicken,*
Ultravioletten!
Haut's aus dem Mund
Die Zigaretten,

Da Wassers Druck
Im Fall der Fälle
Erzeugte,
Die perfekte Welle.

AQUA*TSCH*YOGA

Bei diesem *Kampfsport* greift, zu Recht?
(Auch Anfänger wie der Herr Specht),
Den *Gegner* (H_2O) an, schlau!
Mit einem *Gürtel* – Farbe *blau.*

Trainiert, ganz *trocken* (hält die Zügel),
»Bequatscht« ihn laut dabei *Frau Hügel*
Zeigt, wie die *Becken*-Übung – toll!
Korrekt, *nass*istisch ausseh'n soll.

Trotz visueller Sorgfaltsführung
Erfährt *der arme Tropf* Berührung
Umkreist (auf gleicher Umlaufbahn),
Von wadenscheinigen Beinpaar'n.

Zu allem »*Übel*«, muss das sein?
Taucht Rhythmus auf, in Ohren ein.
Historische Noten – ein Desaster!
Tanzen unsichtbar aus dem *Blaster.*

Als Wassertreter *stier*t er, Widder!
*Kneipp*t fast 'ne Stunde, ach wie bitter!
Bis, kurz vor Ende, zum Entspannen,
Massiert werden, jetzt Gelenkpfannen.

Ist dann *der Dehnprozess* passiert,
Wird mit *Klatschspalten* applaudiert.
Endlich! Zuhaus' (nach heißem Duschen),
Bringt *kühles Blondchen* ihm – die Puschen.

Überschrift: lies auch Aqua Jogger

SATURDAY FIGHT FEVER

Sir *John,* was gleichkommt einer Folter
Will tanzen lernen wie *Travolta*
Da jüngst grad' wieder Auserwählte
Mit *Staying Alive*-Allüren quälte.
So bucht *Privat*crashkurs (Latein)
Den *Pas de deux,* für sich allein!
Wagt's samstagmittags, etwas träge
Glatt aufs Parkett zur Nervensäge,
'Ner Trainerin, die Unterricht
Erteilt, im Essklassengewicht.
Dort lernt nun *Zählen 2, 4, … 8?*
Nein, es ist vorher Schicht im Schacht
Weil *Miss,* die *taktlos,* schwer berührt
(Vom Hals ab *Führung*sstilgekürt),
Ihm, als bewegungsschrittgedisst!
Die *Rote Karte* zeigte – Mist!

♜♞♝♛♚♝♞♜
♟♟♟♟♟♟♟♟

Dies alte Spiel verlockt mit Reiz
Auch Kandidaten aus der *Schweiz,*
Der hier *Welt*offen, ungeniert,
Langsam zum *Meister* avanciert.

Beginnt schlagfertig, rasch, Partie
Trotzdem braucht, obwohl ein *Genie!*
Neben viel Sitzfleisch beim Turnier,
Geist vorm, wie *im²* dafür.

Figuren, sportlich, harte Sorte!
Fegt♞, ... in Sprüngen, ohne Worte.
Die Erste hat, denn ⏱ ist ♟,
Am 2.Tag »vom Platz« gestellt.

Danach *reißt* ♝ in der Schlacht
Als Wolf im *Schach*pelz von f 8, ...
Bis ♜ durch 'nen faux pas, *sein Herz*
Verliert an ♛, Liebesschmerz?!

Bei Letzter – Feldzug voller Power –,
Fiel, rein strategisch, öfter ♟.
Setzt, ♚sdisziplin! Auf *Matt!* ...
Bis den 🏆 in Händen hat.

² – lies *Quadrat*

APRÈS SOTSCHI

*Wenn Männer sich
mit ihrem Kopf beschäftigen,
nennt man das denken.
Wenn Frauen das Gleiche tun,
heißt das frisieren.*

Anna Magnani

Da Glanzzeit des Salons *lang Hair,*
In dem zu Kopf gerückt Coiffeur,
Reist der – auf Umweg *Aktivist* –
Dorthin, wo *Glasnost* Fremdwort ist.
Hat, undurchsichtig? *Transparent*
An *Fuß vom Kaukasus* gehängt.
Zeigt somit *Flagge,* bevor landet,
Olymp- *IA,* der *Esel!* – Strandet.

Den juckt, reizt hier Medaillenfell
Mehr, wie einst Apfel, William Tell.
Ganz fix, trifft keck, sein scharfer *Pfeil,*
Spitz' Zunge! Auf das Hinterteil.
Doch *Bogen* – aus Leichtsinnmetall –
Streckt »Menschen« nieder, bringt zu Fall,
Geht damit, *maßlos überspannt,*
Auf Prestigejagd – im eignen Land.

Kratzt das den IOC-Verein?
Oder *am Image?* – Leider Nein!
Dabei sieht längst auch *Kreditgeber*
Der Rubel rollt – in Massengräber;
Worin zudem Natur versinkt,
Was meilenweit zum Himmel stinkt …
Der Teufel spielt, *steckt im Detail*
Für Lobby nur – den *»Affen« geil!*

OHNE SKRUPEL

Unsere äußeren Schicksale
interessieren die Menschen,
die inneren nur den Freund.
Heinrich von Kleist

Mit *Dolc*he setzte Stalker Ende,
Vita von Esther – Prominente!
Ein Schreiberling legt, engagiert
Wert drauf, dass Presse, unzensiert!,

Der schnellen Tastenfeder lauscht,
In *Früh'* durch Blätterwalde rauscht;
Lange bevor, vom *Stich am Kragen*,
Das Girl zur letzten Ruh' getragen ...

TV, mit warmem Bilderblut
Sich ebenfalls dran gütlich tut:
Lässt live dazu *Experten*runde
(Statt Tränen), streuen *Salz* in Wunde.

Im Kreisverkehrsdialog, leicht!
Wird *tu*nlichst *Hilf'(s'Verb)* durchgereicht,
Dann ziehen News-Nomaden, heiter,
Voll *Gier* zum nächsten Schauplatz weiter.

LEICHTZINSFEHLER

Genügsamkeit ist natürlicher Reichtum.
Luxus künstliche Armut.
Sokrates

Gebühren zahlt,
Sie sind horrend!
    Felix –
Weil der's nicht anders kennt?

Für flaches Schließfach,
Was gemietet,
Gewisse Sicherheiten
Bietet.

Als jedoch kürzlich
Jackpot knackte,
Ganz still
Die sieben Sachen packte.

Drauf sprengte nicht,
Nur hat *der Bank*
Sofort gekündigt –
Gott sei Dank!

MUST HAVES

Weise ist der Mensch,
der nicht den Dingen nachtrauert,
die er nicht besitzt, sondern sich
der Dinge erfreut, die er hat.
Epiktet

Das Kauf-Gen, welches hier erwähne
Trägt seit Geburt an in sich, Lene.
Rennt nach, dem neusten Equipment,
Bis im Besitz es eigen nennt.

Lässt weismachen mit süßem Ton
Durch reine *Hyp*nos'suggestion
Sie bräuchte solche teuren Dinge
Weil's einfach ohne die nicht ginge!

Ihr Auge wird, prospektbehaftet,
Vom Kredit*hai* bevormundschaftet.
Der preist sofort – wie saures Bier –
Die Flatrate an, auf dem Papier.

Wobei natürlich gern verschweigt
Sternchen, welches sich unten zeigt;
Weiß, dass gewisse APP-S*ätz*-Daten
Darin, *die Dame* auszubaden.

Kleinkryptisch §e *Wogen*
Mit Lippenlist glatt überflogen ...
Darum, das lehrt der Weltwettlauf –
Willst *up to date* du sein: Pass auf!

SCHALT-GREIS

> *Meistens belehrt erst der Verlust uns
> über den Wert der Dinge.*
> **Arthur Schopenhauer**

Ganz *fiese Nummer* hat gewählt,
Was von Verwandtschaft grad' erzählt,
Falschfünfzigerjunglump, meint, link!
Dass Opa *ihm* »2 Riesen bringt«.

Zum Kapitaltransfer um Drei
Käme jedoch ein *Freund* vorbei,
Gewisser Bursche namens *Peter*
(Als Übernahmeübeltäter).

Ü 70er, nun, selbst spitzbübisch
Sehr helles Köpfchen! So was lieb ich!
Riecht, wohl da Zinken groß geraten
Sofort den »*Enkel*-Satans-Braten«.

Setzt (weil's kein Kavaliersdelikt!),
Noch ehe Abzockcoup geglückt
Sich in Bewegung, spaziert, Kür!
Statt Bank – zum Polizeirevier …

EISERNE LADY

Dank *Love me Tender* Fanverein
*Loc*k*t*, gut geschmiert aus *Dampf*archiv
Streckt *Lady Black* Rotpleuelbein,
Verleiht den Wochenenden *Pfiff.*

Schau, Oldscoolwagen – 1. Klasse –
Gereiht als schmucke Perlenkette …
Jens reist darin – ist Neuinsasse –,
Auf holzgeschwelltem Schotterbette.

Während ihm Sinn bei großer Fahrt
Langsam in Nostalgie getaucht
Quillt vorn aus Schornstein weißer Bart,
Der dafür reichlich *Kohle* braucht.

Er sieht, dass *Bahn blieb auf der Strecke*
Trotz kleiner Stoßseufzer zuweilen;
Lässt aus Gedankenstellwerksecke
Die *Zeit – entgleist* vorübereilen.

NERVENKITZEL

*Was wäre das Leben,
hätten wir nicht den Mut,
etwas zu riskieren?*
Vincent van Gogh

Graffiti sprüht – sportlicher Mann,
Zu Werbezwecken? Nachts auf Tram
Aus Dose, hängt dazu an Seilen
Am ersten, von vier Wagenteilen.
Begleitet wird *moderner Meister*
Dabei vom *Schöngeist, Susi* heißt er!
Der umschult – weg von *Domina*nz –
Hat *Lackhosen*intoleranz!
Alarm schlägt Herz (mit wenig Zwirn)
Als Girl beim Pförtner – auf dem Schirm!
Der, wie ein Stier aufs rote Tuch
Wild, eilt heran mit lautem Fluch
Erscheint zur Lesung der *Leviten,*
Unter Hochspannung (Halles Mitten).
Doch wo ein Schild prangt: »*Zutritt nur …*«
Steht nun allein auf weiter Flur
Samt der »*Zigarre*« die den Zwein
Gewissensbissig wollt' verleih'n.
Jene verraucht nach kurzer Zeit
Im körpereignen Nervenkleid.
Dafür weist neu ihn per Gedanken
Entkommensfrage in die Schranken.
Denn hat (wie meistens) keinen Dunst!
Was Newcomern der hohen Kunst
 – War's *sei's Smoggrafisches* Gespür? –
Den Weg wies, durch die Hintertür.

Linie 8

Mit Funkenschaukel damals fuhr
Samt *Anhängern* der Meterspur
Vom Seegarten – HD – nach Süden,
Worin beseelt, nicht nur die Müden!
Sobald, statt festem Standpunkt, klar,
Auf weichem *Polster*sitze war.

Ins *Grüne s*ank, total entstresst
Sofort Gedanke, pittoresk
Da gegenüber hielt *van Gogh*
In Händen – Zicke (aus Wiesloch),
Die kalt mich Wimpernschlaggepeitscht,
Nachdem ins Décolletée geheischt!

Das Nachtcafé auf blanken Knien:
»Ach bitteschön, …« (zum Schaffner hin)
Der, Beinnah nun an Haltestelle
Ihr half über der Stufen Schwelle.
Ein Bild für Götter – s' gab Applaus!
Ich – war drei später auch zu Haus'.

WO IST DIE ZEIT GEBLIEBEN?

*Die Erinnerung malt oft
mit goldenem Pinsel.*
William Robertson Davies

Wo ist die Zeit geblieben
Vom allerersten Herzklopfkuss
Bei dem ein zarter Sinnstrom, Hauch,
Der Träume Quelle, voll Genuss.

Als jede Stunde schien unendlich
Gefühle stets den Sternen nah.
Heut' staune, wie die Jahre fliehen
Obwohl es scheinbar *gestern* war.

Seh' manche Orte, Plätze, Namen
Gern vor dem geist'gen Auge noch
Blick' – geh' gedanklich auf die Reise –
Zurück, durch *dieses Schlüsselloch*.

Dahinter stoß' auf viele Fragen
Mit neu erwachter Sehnsucht an.
Wehmütig ruft, bricht Klagelaut
Sich in Erinnerungen Bahn.

Opus, voll Unruh, schreibt *Geschichte*
Bei der *sie selber* Feder führt;
Komponiert ständig »neue Sätze«,
Still, von Veränderung diktiert.

TAKTPAUSE

Zum *piano*
In leichtem Schwung
Lädt Dirigent,
Der Stöckchen hisst

Als, zeitgleich,
Mit Begeisterung?
Note von seinem *Play*
Ihn *dis*st.

Taktlos aus Hose,
*Schrei*t, ruft hell
Tarzan nach *Jane,*
Was dazu führt,

Dass Vibration
Vom *Phone*gestell,
Smart, ihm *Liane*
Mitmassiert.

NERD

> *Die Fähigkeit,*
> *seine Muße klug auszufüllen,*
> *ist die letzte Stufe*
> *der persönlichen Kultur.*
> **Bertrand Russell**

Der, wobei keinesfalles dumm!
Hängt meist allein am Rechner rum.
Vertilgt dabei, s'klingt astronomisch
Fastfood in Mengen – gar nicht komisch.

Statt körpereigner *Burger*wehr
Zieht Vitamine aus Verkehr,
Sitzt, holt das Letzte aus sich raus,
Vor Joystick samt Computermaus,

Kämpft gegen Schlaf (den nötig hätte!)
Mit *Roten Bullen,* jede Wette!,
Um konzentriert beim Spiel zu bleiben,
Nur so, meint, könnt's den *andern zeigen.*

Online *im Netz* pokert der Bube
Bis in die Puppen in der Stube,
Holt analog beim Roulette, *Chips*
Aus XL-*Tüte,* ohne Grips …

Doch plötzlich hat – gestern passiert –
Ihn *Sensenschwinger* abkassiert.
Nur, ob's Community bedauert
Die anonym bleibt, deshalb trauert?

Nerd: absoluter Computer freak
Roten Bullen – Energy Drink *Red Bull*

TOTEMISMUS?

*Aus der Vergangenheit
kann jeder lernen.
Heute kommt es darauf an,
aus der Zukunft zu lernen.*
Herman Kahn

Meist hat heut'
Ein modernes Mädel
Was anderes als *Kant*
Im Schädel.

Für sie liegt,
Dank vollstem Esprit
In High Heels, …
Die *Philosophie.*

*Makeup*todate Finger,
Smart?
Hängen sprachlos
Am *App*arat,

Verbreiten
Über flachsten Touch
In aller Eile
Neusten Tratsch.

Von Social free
Kann man »die Alten«
Beobachten beim
Schwarmverhalten

Wie sich im Amazon*as*
Tummeln,
Als hätten sie im Hintern
Hummeln.

Totemismus – vom Ojibwa-Wort *ototeman*,
„Geschwisterverwandtschaft"

IN VIER ZEILEN 2.0

Mit 𝒯 beginnt des Schillers ♘
Die wortgeistreich zu Herzen geht.
Zur Note immer, auch beim *Rock*e!
Wird *es,* wo sich's um *Musik* dreht.

Ne M*ücke,* weiß ich ganz gewiss,
Steht nicht auf Droge *Cannabis.*
Doch Spinne *fliegt,* als Netzjunkie
Weil *high* davon? Wie wild auf S*ie.*

Herr *Ike Bana* gibt im *Saale,*
Gern *Origami-* (Region *Halle*)
Kurs, lehrt die Teilnehmer das *Falten*
Wobei sie *eigene* behalten.

Zum Up*Date* lädt ein WLAN Router
Ins Downloadcafé den Computer.
Der wählt dort, weil von alter Garde
Trojaner – aus der Grafikkarte?

Ostfriese war nicht amüsiert
Als *Schwarz Tee*ologie studiert
Zählte im Wachzustand, au wei,
Die Schäfchen, noch bis nachts um 3.

Bist du ein noch so kleines Licht
Vergiss dabei die Leuchtkraft nicht!
Sei Vorbild, auch mit wenig Watt –
Einem, der *nichts* zu sagen hat.

IN VIER ZEILEN 2.0

Ein Denunziant treibt übles Spiel,
Mobbt gern mit Fingerspitzen, kühl!
Stellt Shitstorm, ... völlig ungestresst
Ins Netz, für den 👍 (Gefällt mir) Test.

───────────────────────────────

Ich lud, nach Abrocken auf Bühne
Jeans ein, zur Fahrt in Waschmaschine
Worin sie Déjà Vu, weil blau war?
Erlebte, neu, beim *Schleudertraum-A.*

───────────────────────────────

Seit der Geburt in kleiner Stube
Lebt *Ameise* in Krabbelgruppe
Bis sie ein Außendienstler *mobbt,*
Der dort als Chef*blattschneider* jobbt.

───────────────────────────────

Es hätte, wurde mir erzählt
Bei meiner *Schrift* sich *Haar gestellt*
Von Lehrerin der ersten Klasse,
Weil sie keins fand! In »*Baanofsdraase*«.

───────────────────────────────

Vor Horst stand ohne Morgenmantel
Falt'splitterfasergraues Tant'l.
Der, als Moral nach diesem Trauma!
Mied künftig – die gemischte Sauna.

───────────────────────────────

Das Firmament zeigt *Star*allüren,
Lässt stets sich nur vom Aug' *berühren.*
Dennoch gilt nächtens goldner *Schweif*
Am Horizont – als Silberstreif.

SIGNS FICTION

> *Zu sagen was ist, ist und bleibt*
> *die revolutionärste Tat.*
> **Rosa Luxemburg**

Ein User ist auf neustem Stand
Sobald er *Smartphone* in der Hand,
Mit dem auch solche Apps abruft,
Die als bedenklich eingestuft.

Zur Sprache kommt – zum Donnerwetter!
Gern NSA, *stiehlt* »Schatz der Wörter«,
Dringt mit *Späh*brennern übern Teich,
Klammheimlich in Privatbereich.

Hört somit *ständig,* wie romantisch!
Vokabeln ab, die, dilettantisch?
Missdeutet werden (leicht obszön)
Beim ohrogenen Entertain …

Vom Satellit zum x-ten Mal,
Schwirrt Hightechwelliges Signal.
Bringt anstatt Segen reichlich *Fluch,*
Verwandelt Mensch in gläsern' 📖 …

FEATURE

Ein Handy
Ist meist in Begleitung
Von einer chicen
Rufumleitung.

Die sorgt sehr stilvoll,
Tuutbewegt,
Dass häufig
Wieder aufgelegt.

Statt des Gespräches
Wörterfunken
Entsteht,
Ich will ja hier nicht unken

Gewisse Spannung,
Die sich *last,*
Entlädt
Am *eignen Sendemast.*

last – engl. lesen

MILDE STANDPAUKE

Es nimmt in Kauf an Litfasssäule
Durchnässtes *Teeny,* die *Nach*teu*le:*
Von Regentropfen – Winke, Winke!
Rinnt 1. runter ihre Schminke,
Sitzt 2., auch dass kann man sagen
Bei Abholung im *Einkaufswagen,*
'Nem grünen *Smart!* Mucksmäuschenstill
Neben der Mutti, bis zum Ziel.
Die schickt nun 3., Schall, sehr schnell
Andauernd Richtung Trommelfell.
Ob wisse, dass es 5 Uhr sei?
Schrillt erster Ton (sopranes High)
Entgegen, dann – wie's manchmal ist –
Erzählt vom Traum aus jüngster Frist
Worin, samt heißen Blicken, Aaah!
Genippt, cool, Caipirinha
Den, Dating fever infiziert,
Hätt' braungebrannter Hengst spendiert …

JE SPÄTER DER ABEND

Statt Frosch zu küssen, wie im Märchen,
Tat Girl entzückt dies mit 'nem *Pärchen*
Das wiederfand in hölz'ner *Truhe*
Ma*nn* kann es ahnen – s'waren Schuhe!
Drückt an die Brust, nebst Sangesgesten
Sauteure *App*sätze – die Besten!
Zieht *über, glücklich*, unten, *prima*
Zuerst den linken *Ballerina*
Dann, Folge weiblichen Geschlechts?
Macht Freudenseitensprung in rechts.
Verliebt, bis über beide Ohren
Gibt nun *dem Nachtleben* die Sporen.

FOOT STUFF

Frau Hartmann, sehr technikbegabt!
Sich Nase fast an Scheibe schabt
Wohinter, was Gemüt erhellt,
Optisches Laufwerk ausgestellt.

Brennt im Gedankenmarathon
Darauf in ihren Träumen schon.
Muss jedoch warten (morgens 3!)
Da noch *geschlossen* – »die Datei,«

Bis Stunde schlägt, wie klingt es schön,
Gleichzeitig rast (was nicht zu seh'n),
Der Puls im Hals beim Runterladen,
Von *News* aus irre langen Pfaden.

WIE MOTTEN DAS LICHT

> *Bist du sicher,*
> *dass das, was du so heiß ersehnst,*
> *dich auch glücklich machen wird?*
> **Marcel Auclair**

Gern geht *auf 40 zu* Brigitte
»Die alte Schachtel!« In der Hütte,
Wo ihrem Auge, farbgekürt,
Grad' neuster Schrei-*Hals* präsentiert.
Mit Geiferfingern, schnell wie nie
Zieht *Topmodell* aus Galerie
Zwei *schräge Typen* voller Gier
An, die sich flachgelegt vor ihr;
Worin hellstimmig, ungehemmt,
Nun, deren *hohem Absatz* schwärmt.
Doch der Inhaber noch viel mehr,
Am Quartalsende – hinterher!

FOU(S)FETISCHISTIN

Die Teuerste ist nicht allein –
Den *Tick* hat Frau ja allgemein;
Legt an in *Schuh'*, wobei verliebt,
Ihr ganzes Steh-*Vermögen* gibt.

In Shoppingmall auf neuer Jagd
Pirscht grade »*Sell*-fille«, jungbetagt
Von vorne sich samt Lächeln an
Mit gradlinigem Catwalk-Gang ...

Bringt Pumps, welcher *DD Balkone*
Hervorhebt um Brustachselzone
Dafür zeigt Bein von *Koryphäe*
Orangenhaut, aus nächster Nähe.

Derweil genießt die »Andropause«
Gatte am *Platzl* – Hofbräuhause!
Eh' sie, wohl nicht um hier zu speisen
Zurückkehrt, mit sechs Neuhufeisen.

Sell-fille – Verkäuferin

SHEGEBIET

In *diesem,* super Position,
J☺bbt Anna, erhält auch noch *Lohn!*
Ist wie von Socken jedes Mal
Sobald was Neues im Regal.

Young, mit den *Paaren* schon *per Du!*
Steht unsre *Femme, fatal!* Auf *Shoe;*
Betreut Mo, Mi, Sa, weil vom Fach!
Die Kundschaft, welche dabei schwach?

Nun ja, *strahlt,* meistens geisterhaft
Ab, frisch gebrauten *Käsesaft!*
Der warm an *Bar fuß*ausgeschenkt
Gratis, sensibles Näschen tränkt.

Footokkultismus lädt Altweib,
Auch *Küken*augen zum Verbleib
In *High* Heels, … jenem *Männer*traum
Im absoluten »Vektorraum«.

VEGETARIE

> *Was für eine vorzügliche Einrichtung,*
> *dass die Gedanken nicht als sichtbare*
> *Schrift über unsere Stirne laufen.*
> **Christa Wolf**

Es mag ein Grieche kein *Souflaki*
Dafür findet er Füße *lack*y;
Die *Rot*schweinshaxen seiner Alten,
Um Phantasien zu entfalten.

Gerade sieht, wie durch Verrenkung
Auftauchen Nägel, aus Versenkung,
Vom Gy-*Ross,* als die Duft versprüht,
Ne Show mit *schwarzen Pumps abzieht* ...

Am *Fleisch,* den Blick dabei erhascht,
Hat schnell, gedanklich still genascht.
Zuvor jedoch nimmt Fingers Spitze
Platz, in Zehzwischenraumes Ritze,

Entlockt, als wahrer *Händel*sohn
Dem »Knöchelverzeichnisse« Ton;
Keinen aus *Feuerwerksmusik!*
Nein, eigenes Massagestück.

Wobei, ob Sie zu träumen wagte?
Zusah, wie zum finalen Takte
Sein zart besaitet kurzer Bogen
Schließlich *aus Loge* sich erhoben.

BORNOUT SYNDROM

Ab heute arbeitet *Frau Lechner*
Für *n*etten *Chef,* ein kühler Rechner!
Wobei die Raumluft dünner wird
Weil *der XL* kon*Figur*iert?

(Sie ersetzt *Gertrud,* die in Pause
Dateianhang bekommt zu Hause,
Den Lebenspartner inszeniert,
Als er den *Download* ausgeführt)

Da im Gesicht noch Restnachtspuren
Hilft *Energy Drink* ihr auf Touren.
Ein ganzes Sixpack – was enorm –
Braucht, damit endlich *unter Strom!*

Die Spannungsdosis K.O.ffein
Erhöht, zum Feierabend hin,
Herr Clooney, der, dank »Werbeclip«
What else? Auslöste Kapseltrip …

Diesem verdankt nun, jede Wette!
Dass senk-, statt waagerecht im Bette.
An Träume gar nicht erst zu denken,
Ob's der Verstand schafft einzulenken?

QUEL BLAMAGE

*Man findet
das Vergnügen nur selten
dort, wo man es sucht.*
Lloyd George

Auf *Turm* steht, klappert,
In Paris
Oma, 'nem steilen Zahn!
S' Gebiss

Was Enkel *festhält,*
Schickt's, von dort
Per YouTube
Rund um Globus fort.

Dem Video
Jagt nun Voyeur,
Durch *Likes*
Gleich mehrfach hinterher.

Doch ihn begeistern
Andre Szenen
Worin der
Fifty-Schatten-Schönen

Föhnwind den Rock
Vom *Elfenbein*
Gelöst, zeigt Stringtanga,
Zum Schrei'n!

Sie, nach Adventure
Meidet *Eiffel…,*
Aus Höhenangst nur –
Ohne Zweifel!

AQUA ... WARUM?

Im *Kraulstil* zieht? – Was sicher klug –
Nach Korn *die Bahn* – kein *Dreierzug!*
Ihn brav, ganz *trocken* bis nach Hause
Von wöchentlicher Schwimmbadsause.

Es hatte, auch tagsüber meist
Kollege »einen *Tea*« *im Geist.*
Der schickte, wegen der *Prozente?*
Ihn darum *früh*er schon in *Rente.*

Als *Jäger* hängt ein *Meister,* kurz,
Azubi ab, bei Stammeswurz
Bis B*ier*kenstock*bezechte* Hirsche
Röhren nach süßer Zweibeinkirsche.

Bestellt im Café hat Tea*nature*
(Frisur wie einstens Margaret Thatcher)
Dazu, weil's kalt ihr unterm Rock?
Ne große Tasse heißen Grog.

Tea*nature* – lies auch Teenager

Die Jugend *lädt* sich *Alko-Pop*
– Modernen *LSD Softdrug* –
Dank *Flat*rate, in die Venen munter,
Ganz sorglos, samt *Trojaner* runter.

Am Glühwein *wärmt* an kalten Tagen
Sich gerne manches Wesen.
Ein anderes *nur Zeitung,* die,
Es selber – nicht gelesen.

Ü 30

Die Erde
dreht sich um sich selber.
Man merkt es deutlich,
wenn man trinkt.
      Erich Kästner

Von ältrer Dame, was 'ne Tante!
Die zu betrinken sich *im Stande,*
Wird Flasche *Bier* auf ex geleert
Was keineswegs den *Kasten* stört.

Zuvor hat Öffners breite Brust
Sie Kronenthauptet, pflichtbewusst.
Für Nummer 2 braucht 10 Sekunden,
Dann ist auch die Inhalts entbunden.

Der Hattrick folgt, Mann sah, o Backe
Wie schnurkrumm losläuft, Zicke, hacke!
Weg vom Behältnis, um im Schweben
Den 7. Himmel zu erleben.

WANDERLISMUS

> *Wanderer auch du musst sterben*
> *Weißt nicht Wann, Wo und Wie*
> *Vielleicht schon heute Abend*
> *oder Morgen früh.*
> **T. Kriegenhofer (1930 – 1978)**

Mit der *Natur,* zu *der'n* Verdruss!
Geht um, ein Homo-Sapiensus
Oft unschön – beim Spazierengehen, …
Wo die *Entsorgungsspur* zu sehen.
Zum Beispiel, harmlos! Zellulose,
Die, nach *Entfaltung* aus der Hose
Schmutz*fink* unartig hinterlässt
Im Feld, samt Grünspan-Nasenrest.
Viel schlimmer, was auch schwerer wiegt,
Ist *Ballast*stoff, den *Umwelt* kriegt:
Blechdosen, Plastikteile, Flaschen,
Klamotten, ausgediente Taschen, …
Vom Re-Säugling kurzschlussentwertet,
Un-Bio! Logisch »fehlge*Erde*t«, …
Liegt nun das ganze Zeug, wie dumm!
Für Jahre! – – Auf dem Globus rum.

ZEITUNGS(ST)ERBEN

Ein Mensch, der Zeitung liest, erfährt:
»Die Lage völlig ungeklärt.«
Weil dies seit Adam so gewesen,
Wozu denn da noch Zeitung lesen?
Eugen Roth

*Aufgibt »Print*zess'*«*, nur hierzuland'?
Anzeige, welche *schwarz umrahmt.*
Dankt darin knapp – *In aller Stille* –
Dem Leser, »dessen *Letzter Wille*«
Scheint's konvertiert zu *andren Seiten,*
Bei denen Blogger, … Text verbreiten,
Wo *Content* digitalisiert,
Auf goldenem? *Tablet* serviert.
Online! An Zukunfts*vorDerTür*
Steht chipdesigntes Arbeitstier,
Wird nur vom *Finger* (leicht gekrümmt),
Gesteuert, durch den *Touch* bedient.
Kein Rascheln stört mehr beim *Umblättern,*
»Flat« heißt das Zauberwort bei Lettern, …
Die zudem, Nasenangenehm,
Geruchsfrei, glatt auf *Display* steh'n.
Apps nutzen, *laden* jedoch meist,
Youngster mit »*Down*syndrom« im Geist,
Die vom *Hightech*boom profitieren
Sofern in »*Obst*« sie investieren.
Gehen, statt *Papers* sich zu kaufen
Zum Kiosk, … nur noch – um zu sau…!

BE*TEUER*UNGEN (ANNO 2013)

> *Was die Zukunft betrifft,*
> *so ist deine Aufgabe nicht,*
> *sie vorauszusehen, sondern*
> *sie zu ermöglichen.*
> **Antoine de Saint-Exupery**

Neu eingeführt, klingt gar nicht nobel
Wird Frist vom *Führer*schein, für'n *Hobel.*
Doch soll bis *'33!* – »Lappen«
Noch jenen gelten, die ihn haben …

Der »Praxis-*April*-Scherz« entfällt,
Dreistelliges! *Bereuungsgeld,* …
Mehr Buße tun muss *Sünder* (lächle!)
Beim »*Park*vergehen« – heilig's Blechle! …

Mit Worten – Mann, ich bin gerührt!
*Kühl!*Salbe auf die Wunden *schmiert,*
Gibt π*nuts,* für die Hekatombe,
Almosen, als Befreiungsbombe …

Während im *Pulver*rausch verjuxt,
Milliarden nach*schießt;* was mich fuchst!
In *Salven* (*Bad*) auf *Bank,* … gezielt,
Obwohl *Die* »Boni« längst verspielt …

Hey, *Land der Dichter,* schlag' die Laute!
(Wage es, weise zu sein!) – »sapere aude« …
Nur Mut, schneid' ab die alten Zöpfe
Brauchst neue, Helle *Denker*-Köpfe!

2013

Geschrieben 28. Dezember Anno 2012

*Man muss dem Rad der Geschichte
in die Speichen greifen.*
Hans Scholl

Bringt's der Gesellschaft *Unbehagen*
Für die solch' *Endziffern* ja neu
Gibt's Antwort auf die alten Fragen
Trennt sich nun Weizen von der Spreu?

September gibt es wieder Qu*Wahlen*
Wofür man Werbetrommel rührt
Statistik fälscht schon eifrig *Zahlen*
Von *Erwerbslosen* angeführt, …

Zu stehen kommt das Leben *teuer*
Weil unsre *Asche* – irgendwie!
Verbrannt, benutzt als »Fege-*Steuer*«
Mit *krimineller Energie.*

»*S 21*« Spuk macht kirre,
»Elbharmonien« geistern rum, …
Der *kleine Mann* darf blechen, irre!
Geht so – Bürgerbeteiligung?

Milliarden, als ob's π*nuts* wären
Jongliert die öffentliche Hand
Bringt, logisch! Kann es nicht erklären
Selbst klügste Köpfe um Verstand …

Atommüll müsste umge*lager*t,
Von *Asse* raus! (war eh Unsinn)
Bevor verstrahlt, kaum abgemagert
Der »*Krisen✪Stab*« woanders hin …

Klima, Hunger, … zur Genüge!
Probleme, die's zu lösen gilt
Damit nicht Gesamtweltgefüge
In einem Kollaps endend – Tilt!

WAHLKÜRENRITT

Künstler lügen,
um die Wahrheit zu sagen,
Politiker lügen,
um die Wahrheit zu vertuschen.
Aus dem Film „V wie Vendetta"

Gesichter lachen uns entgegen
Verlogen wird Plakatschrift laut
Im kleinsten Dorfe, abgelegen
Da, wo sich keiner gern hintraut.

Zu Großkundgebungen in Städten
Lockt man den Bürger, suggeriert,
Mit stundenlangen Phrasenreden ...
Wo Honig ihm ums Maul geschmiert.

Es wickeln Gal*union*sfiguren, ...
Die kurz aus ihrer Deckung geh'n
(Auf scheinheiligen Pilgerspuren)
Volk ein, beteuern *zu versteh'n!*

Den *Virus,* brav – impft Sakkoträger
(Er wird *ernährt* von der Partei)
Hat Spruchbreitbandmitleidserreger,
Natürlich *vorgedruckt!* ... Dabei.

Wichtige Themen scheut, verlegen!
Klar, lässt er einfach außen vor.
MACHT bangt, um ihrer *Stimme* wegen
Im Grabenkampf – beim *Kreuzchen*chor.

Moderner *Wahl*fang wirft die Netze
Bereits auch elektronisch aus ...
Kritik (als falsch verstand'ne Hetze),
Fliegt dort (kein Beifall) wieder raus.

Man *muss,* nur das wird Menschen nutzen
Darum mein Rat hier nun am Schluss:
Politi*Kern* – die Flügel stutzen!
Durch eignen Meinungsbildungsfluss!

KOCOULEURES

> *Ich habe in die Politik genau so viel*
> *Vertrauen, wie es unsere Kanzlerin*
> *Leuten ausspricht, die aufgrund dessen*
> *zurücktreten.*
> **Felix Hartmann (Autor dieses Buches)**

Der *Angie* nicht mehr in die Suppe
Spuckt künftig *Gelbe* Gurkentruppe.
Denn *schräge Vögel* stiegen, munter?
Ab, von Kommandobrücke runter.

Kan*ohne*n donnerten, was Kacke!
Einhellig auf 🏴flagge,
Seit deren *Ferien*kurs-Programm
Verkraulte kleinsten Votenstamm.

Beim *Bündnis 90* machten *Diener,*
Quittierten erste Alt-Schlawiner.
Nun kraxelt Jung, mit Phantasie?
Die *W(a)ende* hoch, voll *Energie.*

Wohl, da vom Aussterben bedroht
Stand wieder auf der *Liste – Rot!*
Den Bock jedoch, definitiv
Schoss *Wähler,* lag, wie immer, schief!

Überschrift: lies auch Kokolores

STEUER*FLUCH(T)*

> *Der Mensch sollte sich niemals*
> *genieren, einen Irrtum zuzugeben,*
> *zeigt er doch damit, dass er sich*
> *entwickelt, dass er gescheiter ist*
> *als gestern.*
> **Jonathan Swift**

Beim *Bubenstück* – damit es glänze
Vollführt *Mutti* gern Mienentänze.
Obwohl der *Euro* seit der Taufe
Vom Regen nunmehr in die Traufe.
Wer 1 plus 1 zusammenzählt
Verliert hier Glauben an sein Geld.

Zudem brennt im Re*gier*ungsviertel
Verständlich! Manchem oft der Kittel
Als unter *Glocke* er beäugt,
Wie Deutschlands *Käse* wird erzeugt;
Den, (K)Lügeritis infiziert,
Schön wortverpackt, dann exportiert.

Ganz lapidar erklärt uns Presse
Im stenotypen Volksint'resse:
Man hätt' Gewissheit, nicht Verdacht!
Dass *Schäfchen* außer Land gebracht
Privat! Zum *Weiden* über *Alpen*, ...
Damit sie »hinterm Berge *kalben*«.

Darauf legt an, setzt, mit Spionen?
Zielt, bei der Jagd nach den Millionen
Auf *Scheiben, dünner* als ein Diskus!
Der (scheinbar käuflich) deutsche Fiskus;
Dabei sollt' – weil *die* bisher schliefen –
Auch *Kardinaltugenden* prüfen ...

Bubenstück – der Euro
Mutti – die Kanzlerin
Glocke – Glaskuppel vom Reichstagsgebäude

DIE ✂ KLAFFT

> *Die Phönizier*
> *haben das Geld erfunden –*
> *aber warum so wenig?*
> **Johann Nepomuk Nestroy**

Es schauen Menschen mit Verdruss
Auf Jene, die's zu Überfluss
Dank Un*Vermögen* weit gebracht
Was einst durch *Klonen* sie gemacht.
Die schieben *Peter, schwarz,* aus Geiz?
Ab, mit Millionen in die Schweiz, …
Wo ihr Geheimnis gut behütet
Nun über Zinsgeldmengen brütet
Bis Gaussverteilung zeigt – am Rande!
Was unterm Strich bleibt – hierzulande!

¥€$

*Versuche nicht ein erfolgreicher,
sondern ein wertvoller
Mensch zu werden.*
Albert Einstein

Nicht jeder, der sich Dr. schimpft
Braucht dazu *weißen Kittel*
Da schon im Kindsalter geimpft
Mit »*schwarzem* Fördermittel!«.

Oft bringen ¥uppies es zum Bosse
Gefühllos, Businessgierhofiert;
Während im €Raum die *Glosse*
So manchen *Sesselfurzer* kürt …

Für ein paar $ – statt der Rüge
Sieh an, läuft es nun wie *geschmiert*
Indem *bedruckt,* mit kesser *Lüge!*
Die *Etiketten* – ungeniert.

VITAMIN€

Von allen Formen des Besitzes
beschäftigt naturgemäß jeden
seine Gesundheit am meisten.
John Galsworthy

€s deckt zum ersten Mal, wie staunt er!
Frank Obstbedarf, über Discounter
Worin *Pink Lady* angelacht,
Doch *ihr* statt Hof, verständlich macht,
Mit raschem Blicke, ohne Feuer
Sie sei als Nahrung *viel zu teuer!*

In Kiste liegen, zeigen Röckchen,
Gleich nebenan, für wenig *Flöckchen*
O-Beine, völlig glattrasiert,
Als Früchtehenkel ungeniert;
Dabei trägt €iner – kurze Zeit –
Ganz leichtes Leopardenkleid.

Aus *China* stammendes Oval!
Sorgt täglich (hier reicht €inzelzahl)
Für ausgeglichenen Haushalt
In *Körper*form der *C*-Gestalt.
Gern hätte *del* mit *Hei...,* Affären
Auch andern pummeligen *Beeren*.

Doch deren €nergie verpufft
Seit *Preisschraube* erneut aus Gruft
Gestiegen, *dreht* sich immer schneller
Nun beinah schon um leeren Teller
Liefert, da aus »Nirosta-*Stahl*«?
Gesundheit – an den Marterpfahl!

EDLE EINSTELLUNG

> *Überlege einmal, bevor du gibst,*
> *zweimal, bevor du annimmst*
> *und tausendmal, bevor du verlangst.*
> **Marie von Ebner-Eschenbach**

Ein Metzger stellt, so sollt' es sein!
Sich Frage: *Schwein, oder nicht Schwein?*
Er könnte nämlich, nur falls wolle!
Besetzen 'ne Statistenrolle.
Die wäre »Öl-Wechsel-dotiert«,
Womit Regie (weil hoch) verführt.
Dazu gäb's da noch eine Reise,
Auch regelmäßig *Kleintrostpreise*, ...
Zusätzlich bot man an ihm, gleich,
»Verzehr« von *Frau,* mit *magrem Fleisch.*
Der Mensch lehnt dankend? Schulter kalt!
Strikt ab, solch Lebensunterhalt.
Dafür, trotz reinlichstem Gewissen,
Hat bald ins Gras er beißen müssen.

Öl-Wechsel – Schmiergeld

FAIRANTWORTUNG

*Das Leben
verlangt von den Menschen sehr oft,
dass sie Dinge wegstecken,
für die sie gar keine Taschen haben.*
Hanna Berheide

Ne *Amazon*e liest mit *Kindle*
Auf Schoß gerade, wie die Windel
Gewechselt wird bei ihrem Säuger
Da sich *verdrückt* hat – sein Erzeuger.

Beschwerlich sind die ersten Tage
Für dieses Duo – keine Frage!
Öfter am Tag schreit kleiner Kn♂lch
Nach seiner *Mutter,* wegen *Milch!*

Dass nun auch Auskommen für beide
Reicht, *geht,* damit sie nicht in Kreide
Steht, notgedrungen! (bitte dich!)
Zur Spätschicht meistens *auf dem* _____*!*

KARRI*EHRE*

> *Der Verstand kann uns sagen,*
> *was wir unterlassen sollen.*
> *Aber das Herz kann uns sagen,*
> *was wir tun müssen."*
> **Joseph Joubert**

Aus Bauch heraus entfernte Kleinen,
Worauf sofort laut anfängt weinen.
Jedoch wohl kaum weil kurz zuvor
Papa getrennt, der alte Tor!
Sich von *Mama,* die nicht drauf wild,
Dass Durst nach Elternbilde stillt,
Als der *Dreikäsehoch,* wie dumm!
Fortan im Ohr liegt, mit »WARUM?«

Alleinumherziehend beweist,
Es geht auch ohne Vater, meist!
Trotz dass in Geldbeutel oft Ebbe,
Begrünt gern seiner Wünsche Steppe
Zeigt ihm (auf Bildern) Eiffels Tower,
Desgleichen Chinas lange Mauer, ...
Auch große Tiere, erst im Zoo,
Danach bei Arbeit, im Büro.

Eines davon, big Boss, ein Netter!
Lässt kreativ, als *weißer Retter*
In ungenutztem hellen Raum,
Knirps spielen, bis, ob's Kindertraum?
Dank heutiger B-Vitamine
Wird Azubi der Werkskantine, ...
Dann, *á la longue* Vize genannt,
Im Unternehmen CO-Vorstand.

STADTAUFSTELLUNG

Den *guten Geist* »vom Untergrund«
Gibt Kilian, smarter Chef im Bund
Führt das Archiv, wobei galant
Martha stets seine rechte Hand.

Im Erdgeschoss, rötlicher Ton
Sitzt E. Bernauer (Rezeption)
Berät Besucher, die nicht wissen
In welches Zimmerchen sie müssen.

Erhobnen *Standes,* als *Beamter*
Düst grade August, ein Verwandter!
Marie im Arm, zum Trautermin,
Den Berta reserviert für ihn.

Auf *Level 3* fängt *Kämmera*mann
Still, Friedrich mit dem *Drehen* an ...
Im Personal-WC, wo lange
Mit Tabakpäckchen er zu Gange.

Ganz OBen über ihm, in Leder
Auf *Pole position,* zählt der Peter
Die Tage ⊞..., fällt damit aus Rahmen
Bis zur Pension – in Gottes Namen?

FLIRT-EXKURSION

Mit Airline schickt, samt gutem Ton,
Sir Taki (von der Direktion)
Ihr Instrument, »Herrn Zyprian!«
In Urlaub, nach *Zazikistan.*

Dort wird nun *Harfenspezialist*
Vom Wahrzeichen der Stadt begrüßt,
Gewährt aufs freie Säulgebein
Lustblickrundreisen durchs Gestein.

Schnell hat sich *Girl* in Antiktracht
Zwecks *Liaison* an ihn gemacht.
Der Altersunterschied, wie schön
Ist jedoch *Objektiv* zu seh'n!

Girl – die Akropolis

FAREWELL

12. Mai Anno 2013 in Heidelberg

Am Muttertag, Pankratius,
Kam das farewell, der Ära-Schluss!
In 68 Jahren (hieß es)
Sei'n Freundschaftsfeste, so wie dieses
Entstanden, weshalb tief bewegt
Nicht nur *Alt Heidelberg* erregt;
Auch junge, die an diesem Tage
– Feierunwillig, keine Frage –
Selbst Zeuge wurden! Ist's zu glauben?
Dass sogar Himmel Tränenaugen.
Zu Hymnen, längst vertraut im Land
Flocht manches Herz Gedankenband,
Flag-*Nationalstoff*offiziere
Hingen an Rathausfront Spaliere,
Der Achtungsstat*US* war zu hören,
Erklang in mehrstimmigen Chören.
Zuerst sprach Oberbürgermeister,
Dann redeten *zwei gute Geister*
Als *Lords of Thanks,* mit viel Gefühl,
Vorm Bitter sweeten *Abschiedsspiel:*
Instrumental, ganz ohne Worte
Schnitten nun *Brass-Notes* an (statt Torte)
Die *Stars* der *Stripes*band, wunderbar!
Played MY WAY – von Sinatra ...
Then, 10PM – also by Night –
Setzte, als künstliches Highlight
Loud, *Glitzerfeuerregenguss*
Hoch! Water unter Funkenfluss
Drückte im grellen Farbenspiegel
Amazing, well, auf, letztes Siegel.
Der Tag ging ein – er schrieb Geschichte!
Ich, weiterhin nur brav – Gedichte.

JAHRTAUSENDSOMMER?

Geschrieben 03. August Anno 2015

Es durfte
Seine Hitzekluft
Der *Sechste* schon
Mit Wellen zeigen

Trug sie gar nachts
Bei trockner Luft –
Weshalb es schwer,
Das Haupt zu neigen.

Nach Urlaub allzu oft
Stand Sinn
Im *Siebten,*
Dessen Celsiussäule

Nicht nur
Zum Wochenausklang hin,
Verpasste gerne
Schweißeskeule.

Es hatte *beinah,*
Schon verrückt!
Auch *08*/15
»*40 Fieber*«,

Die Tage lang,
Sonnstrahl beglückt …
Kommt so ein Sommer
Jemals wieder?

OZAPFT IS

Der weltweit
Größte »Alkotest«
Weiß jeder –
Ist s'Theresienfest

Wo Zeltbedienung
*Maß*einheit
Vor sich herträgt
Im Dirndlkleid,

Die fix so Manchem
Kopf verdreht
Bis Orientierung
Flöten geht

Zudem noch
– Sage es mit Hohn –
Verlangsamt
Sprachnavigation

Beim Konsument
– Ob's peinlich ist –
Weil das *Getränk*
Mehr *Geist* besitzt?!

All Inclusive

Es darf (verlas) – nach Barbados!
(Zog gleichzeitig *das große Los*),
Alina, …!, die von Good News, Wow!
Zum ersten Mal – *Zwei Wochen Blau!*

Staunt übers Meer, 5Sternebunker,
Spielt Tennis früh, mit *braunem Junker*.
Salz *nach Suppé* reicht dann Charmeur,
Gelernter Ozeanchauffeur;

Von seiner Yacht aus nimmt sie, Muss!
Geht sauerstoffbeperlt, … *zu Fuß*
Auf Tiefsehkursexpeditionen
In Farbprachtentertainmentzonen …

Setzt abends, investiert nach *Fish,*
Zwei *Chips!* Als *Lachs*alve am Tisch.
Dabei jagt Auge – *Rouge impair* –
Statt Kugel, Croupier hinterher.

Doch ausspannen lässt sich das *fille*
Fast *Käse*weiß! Von Soleil, *die*
Tagsüber als Masseuse lädt,
Zum Heißstrahlstunden-tête-à-tête!

Trotz *Welln*äss-Stress-Event-*Tor-Tour*
Bleibt nach der Rückkehr *Big Mac* Spur.
Das Spiegelbild rät abzuspecken
Was sicherlich kein Zuckerschlecken!

ANDERE SPHÄRE

Mit höherem Geiste,
Der Feder geführt
Gebiert aus der Seele
Von Tiefe berührt

Bricht schnell wie im Fluge
Auf hellem Papier
Sich Bahn der Gedanke –
Verneig mich dafür!

WAS EIN TRAUM!

Die größte Liebe ist immer die,
die unerfüllt bleibt.
Sir Peter Ustinov

In klarem Augengrün ertrunken
Trieb heiß entflammte Zärtlichkeit
Umspült vom stillen Kuss, versunken
Voller Begehren durch die Zeit.

Lockreizerzeugte *Gänse*hügel
Ragten im Spiel der Phantasie
Auf blanker *Haut,* verliehen Flügel
Rasch, erstem Satz der *Sinn*phonie.

O welch Crescendoglücksgefühle,
Magie entstieg mit jedem *Jaaa!*
Das kurz, auf Traumtheaters Bühne
Real erschien, so wunderbar.

Nuancenreiche Bilder fanden
Rhapsodiesphärisch, ausdrucksstark
Selbstredend Weg zu den Gedanken
Als neu erwacht, am nächsten Tag.

Allein zurück, irdenste Schöne
Blieb wohl Erinnerung, fürwahr;
Doch fortan, ewig – Zeilentöne
Verliebt, in *Deine* DNA.

CETTE JOURNÉE INOUBLIABLE
„Honni soit qui mal y pense"

Jean Paul (trente-neuf) son Mariage
Prés d'Orléans (petit Village).
Sa flamme est belle (de la Provence?)
Trésor!, »*black Pearl*« voila: *Hortense.*
Chez lui, en juin – l'an 2002 –,
J'ai bu champagne, ... »*délicieux*«
On est suffoqué! Vin Rouge, Pastis, ...
Avec des frères, jusque – *soûls* les fils?
Non, moi, déjà ... combien des verres?
Ainsi fane la dernière fleur.
Toute la nuit je chante, sauvage,
»*Casser la Voix*«, ... jusque, quel blâmage
J'ai une gueule de bois, pardon!
Payer les pots cassés tôt *(l'Oignon).*
Puis, vers huit heures – ça rend heureux!
La question clef: Tu veux café?
Il fait soleil sur la terrasse, ...
C'était un vrai plaisir – la tasse –.
En outre *big Brother* a offert,
Sur le Bongo bruyant, ... *Concert.*
Me rend *le son* un peu nerveux,
J'suis encore mort de fatigue ...
Je forme alors (»*Gueule*oises!«) foufou!
Avec ma bouche, un passepartout.
La tête me tourne, *jouer les vedettes?*
Extraordinaire, sans étiquette! ...

... *J'pense avec joie – mon vieil ami –*
Souvent à vous – comme thérapie?

GLÜCK

> *Glück und Erfolg*
> *werden nur dem gegeben,*
> *der großmütig einwilligt,*
> *beide zu teilen.*
> **Albert Camus**

Auf leisen Flügeln schwebt es hin
Haftet oft kurz! Nur *Menschen?* an.
Zieht weiter, wie ein Schmetterling,
Weil von Natur her Wandersmann.

Treibt dabei manch seltsame Blüten
Schafft, magisch während Daseinszeit
Mit stillem Augenzwinkern Mythen,
Im unsichtbaren Feenkleid.

Verträumte Sinne fiebern, taumeln
Weit übers ferne Sternenreich.
Endlos lässt Freude Seele baumeln
Wie Engelhauch, dem Himmel gleich?

BETTSZENE

Nach Schlaf verlangen seine Glieder
Sinkt friedlich ab ins Daungefieder
Wo Repertoire an Träumen, *well,*
Anbietet sich dem *Geistgestell.*

Was wirkt *das* fix, verknüpft am Set
Als Regisseur Realität
Mit Phantasie, worauf gekürt
Erlebbar nun, *Schnarchnase* spürt:

Aus süßem Munde lockt Helenen
Liebreizend, wie einstmals *Sirenen*
So lang, bis auf Matratze prompt
Es *ultra kurz* zu *Wellen* kommt.

Doch eh die *letzte* 🎬 fällt
Spielt ein »Statist« den wahren Held;
Vereitelt Happyend durch *Bimmel*
Entreißt ihn *laut,* dem 7. Himmel!

»Statist«, Wecker mit Glockenläutwerk

OPTISCHE ABWECHSLUNG

*Der Unterschied zwischen
Glück und Vergnügen
besteht darin, dass man sich
das Vergnügen selber wählen kann.*
Gustav Knuth

Fernfahrer hält, vom Chef befohlen,
Ruhezeit ein (sonst nix mit Kohlen!)
Schneit rein, biegt darum ab in Disco,
Vom High-Way Richtung San Francisco.

In knapper Mode, von *der Stange?*
Kommt auf ihn zu mit heißem Gange,
Tanzt an, 'ne junge, Superfesche!
Mit Touchbenutzeroberfläche.

Schon wechselt gierig vom *Plateau-
Schuh* hingerissen, Blick zum Po.
Dazwischen streift, in aller Schnelle
Auch Taillenmaße der Gazelle.

Bei ihr wär' gerne *Jugoslawe*
Ergebener Gedankensklave.
Nur fehlt beim Nahkontaktversuch
Know how, samt Anmach-Wörterbuch.

So nimmt er Fantasie, was *schlimmer?*
Mit in sein Brummikojenzimmer,
Zieht – als Ersatz dort? Vor dem Bette,
Kurz *durch* – 'ne Filterzigarette.

Fernfahrer, der *Jugoslawe*

GRENZGÄNGER

> *Versuchungen sind wie Vagabunden:*
> *Freundlich behandelt,*
> *kommen sie wieder*
> *und bringen andere mit.*
> **Mark Twain**

Nach Amsterdam mit Auto reist,
Dahin, wo Ware gern anpreist
Frau – sie bedient im Coffee Shop –,
In durchgefärbtem Trägertop.
Die fragt, ob *Dreh*genehmigung
Für *Szene* zur Beräucherung
Am Tisch bekommt, was sie bejaht!
Prompt kauft er bei ihr Krautsalat …

Verlangt zehn Gramm *grünen Afghane*,
Mitsamt den Resten seiner Fahne
Die nebeldick von Lippen weht
Weshalb den Kerl auch kaum versteht.
»Probier' vom Zauber (klingt's aus *Fee,*
Selbst süßlich), *weißen Märchenklee!*
Fahr' – mit dem *Zug* –, zum *Horizont!*
Der surreal den Sinn bewohnt.«

DAMPFTREFFEN

Es sitzt ein *Holländer* versteift
Im Abteil, wo »*T. Kessel*« *pfeift*
Vor rundem Bruyéreholzkopf still
Der drauf sich vorstellt mit: *van ill!*
Betörend schnell wirkt sein *Parfum,*
Vernebelt *Horn* im Enter-Teint,
Den *Zinken* junger Niko-Ti*na,*
Die selber leichtbläulichen Schimmer
Erzeugt, regt an *kritische Masse*
Vom *Schaffner* aus der 1. Klasse,
Der nun *Havanna*riegel nascht,
Bis braunes Röllchen abgeascht.
Den *Bremser* gibt, als Dampflegende
Ein heißer *Joint;* am Lo(c)k-*Zug-*
                      Ende!

UNBRAUCHBARE NOTEN

*Das ist wohl der tiefere Sinn der Musik:
dass sie die Wahrnehmung ändert.*
Karlheinz Stockhausen

Abends beim Benefizkonzert,
Was feierlich nun *Open-Air*t,
Beginnt, nach jubelndem Applaus
*Organ*isierte *Sopran*-Maus.
Sie, disharmonisch parfümiert,
Dass *Bässen* hinten schwindlig wird
In *hellem Ton*Leiter besteigt,
Bis Frau am *Cello* ihr was geigt;
Weil ungebetner *Geist* sich Schlüssel,
Sprich *Zutrittscodes* zu deren *Rüssel*
Verschafft, obwohl er *nicht berechtigt*
Dazu, auch *Höhle* frech bemächtigt.
Zieht online – per Luftlinie – leider!
Als Intensivtourist rasch weiter,
Über den *Alt* her, zum *Tenor,*
Der fast am Singen Lust verlor …
Nur *Einem* konnten *Nasen*schwaden
In keinem Falle heute schaden:
Von Schnupfenviren heimgesucht
Wurde – fürs Tastgeäst gebucht –,
Aus Dresden, ein *Saxophonist*
Wobei *der* – gar kein Sa*x*se ist!

ABGAS-SKANDAL

In Düsseldorf, auf jener Messe
Besichtigt – aus Erwerbsinteresse! –
Dame, voll Stolz 'ne Segelyacht
Die streng vom Personal bewacht.
Zu angebotnem Gläschen plauscht,
Nun Crew, doch sicher ungern lauscht
Geräuschen (s' ist wie ich es sage),
Von Kaufmamsell, die andre Frage
Beschäftigt grade, hält umklammert
Geländer, was laut *Wind* bejammert,
Den Sie erzeugt durch schmalen Spalt,
Nebst Pressluft – aus dem Hinter(n)halt.
Abfallprodukt als Unikat,
Gas-Ton, *serbische*s Fabrikat!
Relikt der scharfen *Bohnensuppe,*
Zeugt das von guter Kinderstube?
Bis man ihr (einzig richt'ge Wahl)
Stinkfreundlich, ein WC empfahl!

POsitYve geladen

An kleinem Rastplatz, neben *Smart*
(Zwangsunterbrechung weiter Fahrt!)
Steigt eilig, völlig ungebremst,
Aus PS starkem *A6 Hengst*
In neuen Pumps, hellblau gepaart,
Ein heißes Teilchen, 20 grad'!
Sucht augenscheinlich dort nach Orte
WC, 00, … na halt Aborte!
Doch weil dies, sehnlichst *wanted most*
Kurz, wegen Umbau länger *Closed* …
Hörbar auch Landluft-Morsecode
Drängt, stakst (im Gesicht schon rot),
Schweißnass, zu sehen, hyperschnell,
Zu, auf Altwurzelholzgestell;
Versteckt sich hinter Gründickicht …
Wo gilt: *Stör' ihre Kreise nicht!*

*INDIANER*NATUR

In *Graue Wolke* zuckt, kein Witz!
Nervös? Zusammen *Heller Blitz,*
Da nicht sofort *Grollender Hirsch*
Begleitet ihn, bei irdner Pirsch.

Auf Kriegspfad unterdessen schallt
Fegender Sturm mit Urgewalt;
Laut, heulhalbstark durch Äste klettert,
Dass diese sich, vor Angst? Entblättert.

Eisiger Hagel, was ein Bild
Fällt übers Land mit Korn wie wild.
Danach lässt Manitu ... da schau!
Die *Friedenspfeife* kreisen ...

⌒⌒ ⌒ ⌒ ⌒   Howgh!

HERBST II

Es spielt Natur,
Schau, nein wie süß!
Mit *buntem Blatt*
Poker – (Striptease)

Bis, weil nun
Nackte Rippen satt?
Für Äste
Weißes Kleidchen hat.

ARCHÄOOPTIK

Der Mensch, das ist wohl jedem klar
Ist *bio*-logisch! Abbaubar.
Zurück bleiben lediglich Knochen
Ja, auch vom heißgeliebten Jochen!

Die, ein paar hundert Jahre später!
Entdeckt nun wiederum Karl-Peter
Der, so gesehen *abgestaubt*
Sehr mühsam sie aus Grab »*geraubt*«.

Gafft, als »Indiana Jones Replik«
Neugierig auf sein Schädelstück,
Was Aufschluss drüber geben soll,
Ob zusprach einst dem *Alkohol*.

Genau in *solchem* eingelegt,
Durch Laser-Scan im Glas zersägt,
Wird unter andrem festgestellt:
Sieh an, er war – von dieser Welt!

DER MENSCH DENKT …

*Der Mensch lebt so dahin
und nimmt es nicht in Acht,
wie jede Stunde ihm
sein Leben kürzer macht.*
Unbekannt

Auf Feldern, *Sähsam' öffne dich*
Wächst Korn zur vollen Ähre …
Damit – vermehrt im Brote sich –
Die Menschheit es ernähre.

Nur leider bleibt Getreidegut
 – Bei uns üppig vorhanden –
Oft Ärmeren (kein blaues Blut)
Versagt, in vielen Landen.

Obwohl Millionen darben *müssen*
 – Was geht *mich* deren Elend an? –
Steuere in Champagnerflüssen
Auf neuer Yacht – zum eignen Fun …

Doch aus weit höherem Throne lenkt
Nun Gott seinen Befehl herab;
Hat rasch mein Lebenslicht versenkt
Eiskalt – im dunklen, finstren Grab!

AM JÜNGSTEN TAG

> *Schreib auf, was du gesehen hast:*
> *was ist und* was *danach*
> geschehen *wird.*
> **Die Bibel**

Posaunenschall aus jeder Ecke
Zigtausend Seelen stehen an.
Unruhig bangt *Meine* um die Kunde
Mit Frage, wann sie endlich dran.

Nach Aufruf darf durch enge Pforte
Tritt wie im Traume, federleicht
Bis hin vors Buch, worin verzeichnet
In *Gold,* was gute Tat erreicht.

Das Böse in **tiefschwarzen** Lettern
Ihr gleichfalls dort vor Augen führt.
Fleht drum kleinlaut ums weiterblättern
Voll Demut, reueschwer berührt.

Vom Weltenvater wird vernichtet
Was irdisch unrein war an ihr.
Lebt neu, geläutert, her*gerichtet* –
Ewig, in Himmelslichtes Zier.

VIELLEICHT

In Händen,
Bösen wie den Guten –
Ein *jedes*
Lebenskontingent

Gestirne, Zeiten,
Selbst die Fluten
Hält, den auf Erden
Schöpfer nennt.

Ob einst
Nach irdnem Daseinskampfe
Tod *Seele*
Übergibt dem Licht

Im Vorzimmer
Zur Ewigkeit,
Wo dann zur Rechten
Beim Gericht

Jesus,
Mit mildem Gnadenblicke
Mich Kind nennt,
Jeder Sünd' freispricht?

ILL, *EGAL*?

Um überhaupt etwas zu sehen,
muss man den Sand aus den Augen kriegen,
den die Gegenwart ständig hineinstreut.
Hugo von Hofmannsthal

Nachdem sie »*Botox*aner« Fährgeld
Gezahlt, erhalten Schicksals-*Los*
Das leider an Europas Grenze
Sich oft entpuppt als *Niete* bloß.

Entwurzelt aus der Heimat Boden,
Wo Krieg, … den *Stempel* aufgedrückt
Irren *Exoten?* Nunmehr »*Wertlos*«,
Durch *fremde Welten* hier – verrückt!

Man lässt leichtfertig *Leben* kentern
Statt *mitGefühl,* ist *rau* der Ton.
Umdenken, Geistesblitzeinschläge, …
Das wäre doch – ein Anfang schon.

Überschrift: Ill, lies auch (engl.) Übel
*Botox*aner – „Schleußer", der dabei *keine Miene* verzieht

Nur ein Ausländer

Dein Christus ein Jude
Dein Auto ein Japaner
Deine Pizza italienisch
Deine Demokratie griechisch
Dein Kaffee brasilianisch
Dein Urlaub türkisch
Deine Zahlen arabisch
Deine Schrift lateinisch
Und Dein Nachbar
nur ein Ausländer

STRAFSACHE

> *Verflucht der Mann,*
> *der auf Menschen vertraut,*
> *auf schwaches Fleisch sich stützt,*
> *und dessen Herz*
> *sich abwendet vom Herrn.*
> **Die Bibel**

So geht es Einem der hofiert,
Nur stets an Hybris interessiert
Die ihn becirct, bis plötzlich wendet,
Sein Daseinsblatt den Lauf beendet.
Sofort wird … wie *von Geisterhand*
Entbunden er aus irdnem Land
Worauf *im Fokus, Drüben,* blöd!
Erscheint, *vorm Allerhöchsten* steht.
Der ihm – dank *mageren Erträgen* –,
Zuzüglich himmlischem Abwägen,
Vom hohen Thronsitz beim Gericht,
Mit strengem Ton das Urteil spricht:
In dunkler Qualen, Leid[10] …
Sollst DU EWIG kein Licht mehr seh'n!

Sterbliche Bilanz

> *Wenn du besonders ärgerlich*
> *und wütend bist, erinnere dich,*
> *dass das menschliche Leben*
> *nur einen Augenblick währt.*
> **Marc Aurel**

Im dunklen Sakko, einem schmalen!
Erscheint zur letzten, lästgen Pflicht
Neffe, da vorn, in der *TOTalen*
Sein Tantchen liegt, kalt im Gesicht.

Statt klagevollen Sterbenswörtchen
Auf Schale, oder Kranzgebinde ...
Benimmt sich schlecht
        (An diesem Örtchen!)
Das ganze *Erbsippschaftsgesinde*.

Hat in Gedanken, ist's zu fassen?!
Ständig Ihr Testament im Sinn ...
Doch allen Geistern jäh verlassen, ...
Vorkam *(von Jenem)* – niemand drin!

NACHRUFE

*Der Tod ist
die beste Erfindung des Lebens,
er schafft Platz für Neues.*
Steve Jobs

Was werden plötzlich Stimmen laut
Die sich vorm Stehpult aufgebaut:
Als Erster fasst – allein vor Ort –,
Sich kurz, Vorstand vom Breitensport.

Die Lücke welche hier aufriss, …
Nicht zu ersetzen – ganz gewiss,
Meint, seines Zeichens hohes Wesen
(Der seelenruhig es abgelesen),

Welche der Mensch nun hinterlässt
Horizontal! Wie bald auch Rest
Des Grüppchens, die mit Trauermienen
Zum *Letzten Gruße* hier erschienen?

Aus »*Heuchlerzungen*« (hör', wie's hagelt),
Wird Wort für Wort auf Sarg genagelt,
Komplett! – A4 Blatt-Datensatz –,
Schon tritt der *Nächste* an den Platz …

Kramt leicht nervös 'nen Zettel vor,
Trägt dichtend bei *im großen Chor*
Samt *grauem Kranze* (lichtes Haar),
Zenitentfernt, den 80 nah.

Vom Obstbau nun, anstatt zu schweigen
Reiht ein, sich in den Redereigen
Gründungsmitglied im blauen Kittel,
Was wohl im Halse schon *drei Viertel*.

In Wiederholungsendlosschleifen
(Damit's die *Dümmsten* auch begreifen?)
Laudiert danach noch manche *Träne* …
Entschuldigung – dass ich's erwähne!

Nachtoderfahrung

Nach letztem, leisen Atemhauch
Reist, weg vom Arm, vor Mutter Herz
Ein kleines Körperchen, noch warm
Nunmehr als **Engel** himmelwärts?

Im engen Kreis, erfüllt voll Trauer
Steht still die Zeit am **weißen Sarg**
Umgeben mit Erinnerungen
Ans Leben, was es hier – nicht gab.

Als Schimmerfunke, weit aus Ferne
Lässt oben, nachts? Sein **Sternenkind**
Der Vater zu – der Erde winken,
Dort, wo die Ewigkeit – beginnt.

BESTIMMT

> *Es gibt eine Stille, in der man meint,*
> *man müsse die einzelnen Minuten hören,*
> *wie sie in den Ozean der Ewigkeit*
> *hinuntertropfen.*
> **Adalbert Stifter**

Täglich *nimmt* teil der Leichathlet
An *Leben*s kurzem Staffellauf –
Stellt sieggewiss, von früh bis spät,
Die traurigsten Rekorde auf.

Zuweilen *läutet* letzte Runde
Ein, Glocke irdne Daseinszeit,
Umrahmt den Wegzug jener Stunde,
Mit ihres Klangs Vergänglichkeit

Zu der sich stille Tränenherde
Versammelte auf manch' Gesicht,
Bevor, als zärtliche Gebärde –
Sie eine *Hand,* voll Trost verwischt.

Unzähl'ge Epitaphe grüßen,
Halten, nachdem im Staube west,
Erinnerungen wach, verbissen!
Bis einst man die Posaunen stößt?

Wo *Gott* lässt dunkle Siegel brechen
Durchgleißt, umthront *in ewigem Licht;*
Holt *treue Seelen,* wie die Frechen –
Zum Urteilsspruch – beim Weltgericht!

Epitaph – Gedenk- oder Grabstein mit Inschrift
dunkle Siegel – *Alle* verschlossenen Gräber

BANGE FRAGEN

> *Wer nicht heiter über den Tod*
> *denken kann, der hat auch noch*
> *nicht heiter und deutlich*
> *über das Leben nachgedacht.*
> **Heinrich Daniel Zschokke**

Bedrückt stehe vor solchem Holz
Worin des *Menschen* Überrest.
Macht, kurz nach Erdenauslauf, stolz
Sein Anker nun im Jenseits fest?

Ist jene Seele freudestrahlend
Schon auf dem Pfad ins helle Licht
Wie's Religion (wofür noch zahlend!)
Mir immer wieder gern verspricht?

Laut spendet *Geistlicher* den Segen
Blickt mit Routine nach der Kist'.
Dann tritt er ab, auf stillen Wegen
Ob's einst bei *ihm* genauso ist?

TOD

    Er selbst
    Steht nicht
    Auf braune Kisten
    Die
Schmerzlich!
Jeder von uns kennt.
    Nur leider
    Stets
Auf *Geh'Halt*s-Listen
    Die *Jenseits*
    Ihm

    Von *Oben?*

    Nennt.

Traum vom Himmel

Schritt wie auf Watte durch die Pforte,
In unvorstellbar schönsten Orte.
Sofort entschwebte, zum Empfang
Harmonischer Posaunenklang, …
Ein Engel spielte Symphonie,
Welch wundervolle Melodie!
Gefühl von Frieden, lastbefreit,
Umgab mich, jenseits aller Zeit.
Beim Lightseeing, zu dem geladen,
Durchtönten Harfen Gold-Arkaden.
Was für den Mensch die Wolke Sieben
War zweifelsfrei – hier – untertrieben.
Traf, obwohl nie auf Erden kannte!
Hellwachen Geistes, froh, Verwandte.
Als grad' fest! Eltern hielt im Arm,
Schlug laut ein Störenfried Alarm …

Erwacht', vom Seelensehnsuchtslauf
Nun, leider! Noch im Diesseits auf.

ANHANG

Verzeichnis der Gedichte
nach Anfängen
und Überschriften

Ab heute arbeitet Frau Lechner	89
Abends beim Benefizkonzert,	120
Als Jäger hängt ein Meister, kurz,	91
Am Glühwein wärmt an kalten Tagen	91
Am Muttertag, Pankratius,	108
An kleinem Rastplatz, neben Smart	122
Auf Feldern, Sähsam' öffne dich ...	126
Auf Ledelsesseln sitzt bequem	51
Auf leisen Flügeln schwebt es hin	115
Auf Turm steht, klappert, in Paris	90
Aufgibt »Printzess'«, nur hierzuland'?	94
Aus Bauch heraus entfernte Kleinen,	105
Aus Tasse, noir, in aller Früh	19
Bedrückt stehe vor solchem Holz	135
Bei diesem Kampfsport greift, zu Recht?	62
Bei ihrer Kür, vom Dreier heut',	61
Beim Bubenstück – damit es glänze	99
Bestellt im Café hat Teanature	91
Bist du ein noch so kleines Licht	78
Bringt's der Gesellschaft Unbehagen	96
Da Glanzzeit des Salons lang Hair,	65
Damit das Bissness funktioniert hat Spinne	43
Dank Love me Tender Fanverein	70
Das Firmament zeigt Starallüren,	79
Das Kauf-Gen, welches hier erwähne	68
Den guten Geist »vom Untergrund«	106
Der, wobei keinesfalles dumm!	76
Der Angie nicht mehr in die Suppe	98
Der Aufbäumbande neu, färbt bunt	28
Der Mensch, das ist wohl jedem klar	125
Der Puppertät, die kurz geweilt	26
Der Soloartist tourt die Tage	36
Der Sonne Strahl, ganz ohne Laut	21
Der weltweit größte »Alkotest«	110
Die Jugend lädt sich Alko-Pop	91
Die Teuerste ist nicht allein –	86

VERZEICHNIS DER GEDICHTE NACH ANFÄNGEN UND ÜBERSCHRIFTEN

Dies alte Spiel verlockt mit Reiz	*64*
Düstere Nebel überziehen	*30*
Ein Denunziant treibt übles Spiel	*79*
Ein Glühwürmchen kam an den Punkt	*42*
Ein Handy ist meist in Begleitung	*81*
Ein Joint erwies als Arshitekt	*18*
Ein Mensch, ringförmige Kopfbehaarung	*56*
Ein Metzger stellt, so sollt' es sein!	*103*
Ein PINup-Girl kooperiert	*59*
Ein User ist auf neustem Stand	*80*
Einmal pro Woch', isst Rama dann	*52*
Er selbst steht nicht	*136*
Es darf (verlas) – nach Barbados!	*111*
Es deckt zum ersten Mal, wie staunt er!	*102*
Es drückt, wohl um sie zu versüßen	*33*
Es durfte seine Hitzekluft	*109*
Es gibt – Vereins-Meier Premiere –,	*60*
Es hätte, wurde mir erzählt	*79*
Es hatte, auch tagsüber meist	*91*
Es kommt ihm Hobel etwas Spanisch	*40*
Es mag ein Grieche kein Souflaki	*88*
Es nimmt in Kauf an Litfasssäule	*82*
Es schauen Menschen mit Verdruss	*100*
Es sitzt ein Holländer versteift	*119*
Es spielt Natur, schau, nein wie süß!	*124*
Eva, die Frau aus UnGarn strickt	*34*
Familie Holzwurm, antiquiert,	*41*
Fernfahrer hält, vom Chef befohlen,	*117*
Frau Hartmann, sehr technikbegabt!	*84*
Ganz fiese Nummer hat gewählt	*69*
Gebühren zahlt, sie sind horrend!	*67*
Gern geht auf 40 zu Brigitte	*85*
Gern steuerte aus Dorfes Stamme	*16*
Gern übernimmt, fast danach süchtig!	*37*
Gesichter lachen uns entgegen	*97*
Graffiti sprüht – sportlicher Mann,	*71*
Herr Ike Bana gibt im Saale,	*78*

VERZEICHNIS DER GEDICHTE NACH ANFÄNGEN UND ÜBERSCHRIFTEN

Ich lud, nach Abrocken auf Bühne	79
Im dunklen Sakko, einem schmalen!	131
Im Kraulstil zieht? – Was sicher klug –	91
Im Schlankheitswahn ist Margeriten	53
In diesem, super Position,	87
In Dünngrauzwirnen ungeniert	39
In Düsseldorf, auf jener Messe	121
In graue Wolke zuckt, kein Witz!	123
In Händen, Bösen wie den Guten -	128
In Jugend war, will's heut' gesteh'n	47
In klarem Augengrün ertrunken	113
Insekten schwirren, leise schwingt's	25
Jean Paul (trente-neuf) son Mariage	114
Karl, guter Christ, er tut's mit Freude!	15
Laubatio auf Herbst,	27
Leise klingen Weihnachtslieder	32
Mein ABC-Schützbanknachbar	46
Meist hat heut' ein modernes Mädel	77
Mit Airline schickt, samt gutem Ton,	107
Mit der Natur, zu der'n Verdruss!	93
Mit Dolche setzte Stalker Ende,	66
Mit F beginnt des Schillers Glocke	78
Mit Funkenschaukel damals fuhr	72
Mit höherem Geiste,	112
Mobbing betreibt vor Tastatur	50
Nach Amsterdam mit Auto reist,	118
Nach letztem, leisen Atemhauch	133
Nach Schlaf verlangen seine Glieder	116
Nachdem sie »Botoxaner« Fährgeld	129
Ne Amazone liest mit Kindle	104
Ne Mücke, weiß ich ganz gewiss,	78
Neu eingeführt, klingt gar nicht nobel	95
Nicht jeder, der sich Dr. schimpft	101
Noch eh' der Lange Zeiger Kurzen –	38
November, kaum war er zur Stelle,	31
Ob Einer Gel trägt in den Haaren	48
Obwohl schon zig Mal renaissance	22

VERZEICHNIS DER GEDICHTE NACH ANFÄNGEN UND ÜBERSCHRIFTEN

Ostfriese war nicht amüsiert	*78*
Posaunenschall aus jeder Ecke	*127*
Professor Meier sieht Gestalt	*55*
Rauschartig kommt Natur zu Kräften,	*23*
Samy wird 4, ob drüber froh?	*44*
Schritt wie auf Watte durch die Pforte,	*137*
(S)ein Notebook zieht voll Tatendrang	*58*
Seit der Geburt in kleiner Stube	*79*
Sir John, was gleichkommt einer Folter	*63*
So geht es Einem der hofiert,	*130*
So kennt man ihn den Kalten Krieger	*35*
Statt Frosch zu küssen, wie im Märchen,	*83*
Täglich nimmt teil der Leichathlet	*134*
Trojaner eingeschleust, per LAN?	*57*
Vom Schweiße befreit	*24*
Von ältrer Dame, was 'ne Tante!	*92*
Von dreien Einen der Tankstelle	*17*
Vor Horst stand ohne Morgenmantel	*79*
Vorm Tele früher hatte Vision	*49*
Was werden plötzlich Stimmen laut	*132*
Wind fährt, statt zart in erste Halme	*20*
Wo ist die Zeit geblieben	*74*
Zum piano in leichtem Schwung	*75*
Zum UpDate lädt ein WLAN Router	*78*
Zwar trägt es nicht zur Schönheit bei	*54*

Inhaltsverzeichnis

VorSchrift	11	Studien-Gang	55
Sonntags Pflicht?	15	Diss-Counter	56
»Nachruf« zum Adler	16	»Mc Spyware«	57
in memoriam	17	Ede V.	58
Wahnnehmung	18	Under Cover	59
OM	19	FanKurven	60
Sibirischer Frühling	20	Synchron	61
Frühlingstag	21	AQuatschYoga	62
Printemps	22	Saturday Fight Fever	63
Es ist Frühling	23	Schach	64
Feuchtes Märchen	24	Après Sotschi	65
Heisser Tag	25	Ohne Skrupel	66
Nur einen Sommer	26	Leichtzinsfehler	67
Laubatio	27	Must Haves	68
Herbst I	28	Schalt-Greis	69
Herbst zeitlos	30	Eiserne Lady	70
Sextett	31	Nervenkitzel	71
@vent	32	Linie 8	72
Alle Jahre wieder	33	Wo ist die Zeit geblieben?	74
Zwei Links, Zwei Rechts, ...	34	Taktpause	75
Winter I	35	Nerd	76
Winter II	36	Totemismus?	77
Winter III	37	In vier Zeilen 2.0	78
Jahreswechsel	38	In vier Zeilen 2.0	79
Trickdiebe	39	Signs Fiction	80
Der Holzwurm	40	Feature	81
Schädlings-Dreisatz	41	Milde Standpauke	82
Glück-Lichter	42	Je später der Abend	83
Hot Spot	43	Foot stuff	84
Überraschung!	44	Wie Motten das Licht	85
Aurelio	46	Fou(s)fetischistin	86
Pubertäre Energie	47	SheGebiet	87
Unfragen	48	VegetArie	88
Deutschlandsucht	49	Bornout Syndrom	89
Diät?	50	Quel Blamage	90
En Wok	51	Aqua ... waRum?	91
Dönerlittchen	52	Ü 30	92
Kalorieecho	53	Wanderlismus	93
Mittagsschläfchen	54	Zeitungs(st)Erben	94

INHALTSVERZEICHNIS

Beteuerungen	95	Optische Abwechslung	117
2013	96	Grenzgänger	118
Wahlkürenritt	97	Dampftreffen	119
KoCouleures	98	Unbrauchbare Noten	120
Steuerfluch(t)	99	Abgas-Skandal	121
Die Schere klafft	100	POsitYve geladen	122
¥€$	101	Indianernatur	123
Vitamin€	102	Herbst II	124
Edle Einstellung	103	Archäooptik	125
Fairantwortung	104	Der Mensch denkt ...	126
KarriEhre	105	Am jüngsten Tag	127
Stadtaufstellung	106	Vielleicht	128
Flirt-Exkursion	107	Ill,egal?	129
Farewell	108	Strafsache	130
Jahrtausendsommer?	109	Sterbliche Bilanz	131
Ozapft is	110	Nachrufe	132
All Inclusive	111	Nachtoderfahrung	133
Andere Sphäre	112	Bestimmt	134
Was ein Traum!	113	Bange Fragen	135
Cette journée inoubliable	114	Tod	136
		Traum vom Himmel	137
Glück	115	Danksagung	151
Bettszene	116	Quellen- und Bildnachweis	153

Danksagung ...

> *Nur der hat das Recht
> auf Kritik, der von Herzen
> hilfreich ist.*
>
> **Abraham Lincoln**

... *An* alle, die ein »kritisches Auge« auf die Texte geworfen, Fotos eingescannt, Rechtsschreibfehler korrigiert haben, etc. Besonders Frau Ursula Riehm, die mir bei der Grammatik zu «Cette Journée inoubliable » „über die Schulter" schaute, und Herrn Thomas Heim für sein Aquarell vom Gasthaus Adler, was diesem Buch einen gewissen optischen Kick verliehen hat. Er meinte augenzwinkernd, dass die Kinowerbung (auf der Mauer links) der damaligen PARK-LICHTSPIELE SANDHAUSEN bewusst unscharf gehalten sei, weil seinerzeit das Programm „Nicht für Zuschauer unter 18 Jahren" geeignet war.

Mit „unsichtbarer Unterstützung" aus überweltlichen Sphären konnte ich wieder manch außergewöhnliches Werk zu Papier bringen, was ohne ihre Hilfe schlichtweg unmöglich gewesen wäre.

*Herzliches
Vergelt's Gott!*

QUELLEN- UND BILDNACHWEIS

Seite   16, 21, 29, 45, 114, 133, 137, 139
            und Umschlagseite:
            Eigene Aufnahmen, bzw. Familienbesitz

Seite 09   Aquarell von Thomas Heim
            (mit freundlicher Genehmigung)
            aus dem Jahr 1985, als der *Adler*
            noch „*wirtschaft*lich" war.

Seite 45   Die Aufnahme entstand bei Samys
            Geburtstagsfeier (mit Smarties)
            am 12. Juli 1966, der an diesem Tag
            tatsächlich 4 Jahre alt wurde.
            Neben meinen beiden anderen
            Freunden Andreas und Michael
            bin ich hinten (der mit der „*Robbie
            Williams* Frisur") zu sehen.

Seite 73   Die Zeichnungen der einstigen Linie 8
            sind im Original Schwarzweißfotos aus
            dem Buch „Heidelberger Straßenbahnen"

            Oben: „Abfahrtsstelle Seegarten"
                     Aufnahme vom 1.6.1973
                     Fotograf: Robert Basten

            Unten: „In der Rohrbacherstraße"
                     Aufnahme vom 31.5.1972
                     Fotograf: Helmut Röth

Seite 129   Den unteren kleinen Text, dessen Autor
            mir leider nicht bekannt ist, habe ich beim
            Durchsehen nach geeigneten Bildern in
            Dokumenten meines Vaters entdeckt.

Seite 139   Rathaus von St. Ilgen, das bis ins Jahr
            1964 als Schulgebäude fungierte